निशान्त जैन

गाँवों-छोटे शहरों से मन में बड़ी उम्मीदें लिए बड़े शहरों का रूख करने वाले हिंदी पट्टी के लाखों युवाओं के मन में कुछ बड़ा कर दिखाने का सपना पल रहा होता है। ऐसा ही एक बड़ा सपना निशान्त ने देखा और 'हिन्दी मीडियम' से होने के बाद भी UPSC में ऊँची रैंक के साथ उस सपने को साकार किया।

निशान्त का जन्म यू.पी. के मेरठ शहर के एक साधारण परिवार में हुआ। मेरठ कॉलेज से एम.ए. और D.U. से एम.फिल. के बाद लोक सभा सचिवालय में दो साल नौकरी भी की। 2014 की सिविल सेवा परीक्षा में उन्हें 13वीं रैंक मिली।

अपनी इस मोटिवेशनल किताब में उन्होंने प्रतियोगी परीक्षाओं की तैयारी करने वाले युवाओं के लिए लाइफ़ स्किल, पर्सनैलिटी डेवलपमेंट, स्ट्रेस मैनजमेंट, राइटिंग स्किल पर काम की बातें साझा की हैं। उन्होंने असफलता को संभालने और सफलता पाने के कुछ नुस्ख़े भी सुझाए हैं। युवाओं की सफलता की कुछ अनूठी और अनकही कहानियाँ भी इस किताब में शामिल हैं।

IAS की तैयारी के लिए प्रभात प्रकाशन से प्रकाशित उनकी बेस्टसेलर किताब 'मुझे बनना है UPSC टॉपर' हिंदी, इंग्लिश और मराठी भाषाओं में लोकप्रिय है। नेशनल बुक ट्रस्ट से उनकी किताब 'राजभाषा के रूप में हिंदी' प्रकाशित है। उनके द्वारा संपादित किताब 'सिविल सेवा परीक्षा के लिए निबंध' राजकमल प्रकाशन से छपी है और उनकी बाल कविताओं का संकलन 'शादी बंदर मामा की' प्रभात प्रकाशन से प्रकाशित हुआ है। कविताएँ/ ब्लॉग लिखने और युवाओं से संवाद में रुचि रखने वाले निशान्त 2015 बैच के IAS अधिकारी हैं।

ब्लॉग- nishantjainias.blogspot.com

ईमेल- nishantjainias@gmail.com

AF659092

रुक जाना नहीं...

सफलता की राह पर बढ़ते जाने के प्रेरक मंत्र

निशान्त जैन

हिन्द युग्म

ISBN: 978-93-92820-03-8

प्रकाशक :
हिंद युग्म
सी-31, सेक्टर-20, नोएडा (उ.प्र.)-201301
फोन- 0120-4374046

मुद्रक : थॉमसन प्रेस
कला-निर्देशन : विजेन्द्र एस विज

पहला संस्करण 'हिंद युग्म वेस्टलैंड' द्वारा साल 2019 में प्रकाशित
आठवाँ संस्करण : अगस्त 2022
नौवाँ संस्करण : जनवरी 2025
मूल्य : ₹249

© निशान्त जैन

Ruk Jaana Nahin
by *Nishant Jain*

Published By
Hind Yugm
C-31, Sector-20, Noida (UP)-201301
Phone- 0120-4374046
Email- sampadak@hindyugm.com
Website- www.hindyugm.com

Eighth Edition: Aug 2022
Ninth Edition: Jan 2025
Price: ₹249

तमाम सामाजिक-आर्थिक-शैक्षिक संघर्षों के बावजूद,
बिना थके अपनी राह बनाने वाले,
लाखों-करोड़ों युवाओं की हिम्मत को समर्पित

अपनी बात

अपनी इस बहुप्रतीक्षित किताब के बारे में कुछ लिखना है। इसकी शुरुआत के बारे में सोचना शुरू किया तो पाया कि किताब के बारे में पहली बार 2018 के नई दिल्ली वर्ल्ड बुक फ़ेयर में विचार आया था। मुझे हर साल पुस्तक मेले में दिल्ली जाने की आदत है। जब भी प्रगति मैदान जाता हूँ तो स्वाभाविक तौर पर युवाओं और परीक्षार्थियों से मिलने और बतियाने का अवसर मिलता ही है। अपनी आँखों में चमक लिए गाँव-क़स्बे-छोटे शहरों के उत्साही युवाओं की भीड़ जब उम्मीद भरी निगाहों से आपको घेर लेती है, तो एक दायित्वबोध का एहसास होता है। प्रतिभा से भरपूर ये युवा जीवन में आगे बढ़ना और कुछ कर दिखाना चाहते हैं। ये भी एक बेहतर भविष्य डिज़र्व करते हैं।

किताबों के इस मेले में हर बार की तरह 'नई वाली हिंदी' के प्रणेता हिंदी के प्रकाशक शैलेश भारतवासी और हिंदी के ज़मीनी युवा लेखक नीलोत्पल मृणाल से मुलाक़ात हुई। चर्चा हुई कि मेरी ओर से युवाओं के लिए एक मोटिवेशनल किताब आनी चाहिए, जो हिंदी पट्टी के युवाओं की

इमोशनल ज़रूरतों को पूरा करे और उन्हें ज़िंदगी के उतार-चढ़ावों के बीच एक संबल, एक दिशा दे सके। छोटी से लेकर बड़ी प्रतियोगी परीक्षाओं की तैयारी के लिए कमर कसने और जी-तोड़ मेहनत करने वाले युवा तैयारी के दौरान कभी-कभी कमज़ोर या हताश-सा महसूस करते हैं। ऐसे में उनमें ऊर्जा का संचार करने के लिए एक सकारात्मक टॉनिक की ज़रूरत थी। मेरी कोशिश है कि 'रुक जाना नहीं' किताब ऐसा ही एक टॉनिक बने।

दिल्ली, इलाहाबाद, बनारस, पटना, इंदौर, जयपुर, राँची, भोपाल जैसे हिंदी के गढ़ों के युवा विद्यार्थियों से संवाद के दौरान भी कई बार मुझे ऐसा महसूस हुआ कि हम युवा ज़िंदगी की दौड़ में आगे बढ़ने की यात्रा के दौरान कई बार डाउन फ़ील करते हैं। ऐसा सबके साथ होता है। मैं भी आज भी कभी लो/डाउन या कमज़ोर महसूस करता हूँ और उलझनों में फँस-सा जाता हूँ। ऐसे में कुछ लाइफ़ स्किल, कुछ नुस्ख़े इस उलझन से निकलने में मदद करते हैं।

मैंने ख़ुद अपने कैरियर में बीस-इक्कीस से अट्ठाईस साल की उम्र में IAS बनने तक तमाम प्रतियोगी परीक्षाएँ दी हैं और सफलता-असफलता दोनों का स्वाद चखा है। मेरी यात्रा की एक दिलचस्प बात यह भी रही कि मैंने ग्रुप सी, बी और ए तीनों श्रेणियों की नौकरियाँ कीं और हर जगह समर्पण से काम करते हुए मैं निरंतर आगे बढ़ता गया और अंततः भारतीय प्रशासनिक सेवा (आई.ए.एस.) का हिस्सा बन सका।

इस किताब में मैंने कोशिश की है कि हिंदी पट्टी के युवाओं के मनोविज्ञान के अनुरूप उनके मन की थाह ली जाए और फिर उनकी सकारात्मक रूप से मदद की कोशिश की जाए। इस किताब के छोटे-छोटे लाइफ़ मंत्र इस किताब को ख़ास बनाते हैं। ये छोटे-छोटे मंत्र जीवन में बड़ा बदलाव लाने की क्षमता रखते हैं। यह किताब प्रतियोगी परीक्षाओं की तैयारी करने वाले हिंदी मीडियम के युवाओं को केंद्र में रखकर लिखी गई है।

इस किताब की कुछ और ख़ासियतें भी हैं। इसमें पर्सनैलिटी डेवलपमेंट के प्रैक्टिकल नुस्ख़ों के साथ स्ट्रेस मैनेजमेंट और टाइम मैनेजमेंट पर भी विस्तार से बात की गई है। चिंतन प्रक्रिया में छोटे-छोटे बदलाव

लाकर अपने कैरियर और ज़िंदगी को काफ़ी बेहतर बनाया जा सकता है। विद्यार्थियों के लिए रीडिंग और राइटिंग स्किल को सुधारने पर भी इस किताब में बात की गई है। कुल मिलाकर किताब में कोशिश की गई है कि सरल और अपनी-सी लगने वाली भाषा में युवाओं के मन को टटोलकर उनके मन के ऊहापोह और उलझनों को सुलझाया जा सके।

रही बात इस किताब को आपके सामने लाने की, तो 'हिंद युग्म' के शैलेश भारतवासी और मनीष वंदेमातरम् के प्रोत्साहन के लिए मैं उनका आभारी हूँ। 'नई वाली हिंदी' के युवा हस्ताक्षर नीलोत्पल मृणाल ने शुरुआती दौर में इस किताब के कॉन्सेप्ट की सराहना की। 'हिंद युग्म' आम तौर पर फ़िक्शन/नॉवेल के लिए चर्चित है। मेरी यह किताब 'हिंद युग्म' के लिए भी एक नये अंदाज़ की नॉन-फ़िक्शन मोटिवेशनल किताब है। मैं इस किताब को आप तक इतने सुंदर ढंग से पहुँचाने के लिए 'हिंद युग्म' और 'एका-वेस्टलैंड' का हृदय से आभारी हूँ।

इस किताब की एक और ख़ास बात यह भी है कि बाज़ार में उपलब्ध ज़्यादातर मोटिवेशनल किताबें जहाँ मूल रूप से इंग्लिश किताबों के ट्रांसलेशन हैं, वहाँ मेरी यह किताब मूल रूप से अपनी ज़ुबान में लिखी गई एक दिल से जुड़ने वाली ख़ालिस हिंदी किताब है। उम्मीद है कि 'मुसाफ़िर कैफ़े' पर 'मसाला चाय' की चुस्कियों के बीच 'प्रेम कबूतर' से बतियाते हुए अपनी शामें बिताने वाले 'दिल्ली दरबार' के सभी 'औघड़' क़िस्म के 'देहाती लड़कों' को ये किताब 'रुक जाना नहीं' ज़रूर पसंद आएगी और उन्हें ज़िंदगी के विटामिन मुहैया कराएगी।

मैं इस किताब के आख़िरी चैप्टर 'सफलता के सफ़र की कुछ शानदार कहानियाँ' में शामिल 25 प्रेरणादायक कहानियों के लिए अपने साथी सिविल सेवा अधिकारियों का दिल से शुक्रिया कहना चाहता हूँ, जिन्होंने अपनी क़लम से अपनी अनकही कहानियाँ लिखी हैं। ये दिलचस्प और अनूठी कहानियाँ युवाओं के लिए निश्चय ही संजीवनी का काम करेंगी।

विषय सूची

सफलता के स.फ़र की कुछ शानदार कहानियाँ

कैसे सँवारें अपना व्यक्तित्व

कॉम्पटिशन में सफलता की उम्मीद में अपनी क़िस्मत आज़माने की चाहत लिए छोटे-छोटे शहरों की, खाली-बोर दुपहरों से, झोला उठाकर चलने वाले युवा ऐसा क्या करें कि उनकी सफलता की संभावनाएँ बढ़ जाएँ। युवा अभ्यर्थी अपने व्यक्तित्व में ऐसे कौन-से बदलाव या सुधार लाने की कोशिश करें कि उनके सपने साकार हो सकें। इन्हीं प्रश्नों से जूझते युवाओं के कुछ सवालों के जवाब देने की ईमानदार कोशिश मैं अपने सीमित ज्ञान, अनुभव व नज़रिये के आधार पर कर रहा हूँ।

इसमें कोई संदेह नहीं है कि कोई भी युवा अपने समग्र व्यक्तित्व में कुछ प्रभावी सुधार लाकर एग्ज़ाम ही नहीं, जीवन में भी ओवरऑल सफलता की अपनी संभावनाओं को कमोबेश बढ़ा तो सकता ही है। इनमें से कुछ ज़रूरी बातें हैं:-

बनी रहे ज़िंदादिली...

हमने ऐसे तमाम जीवंत उदाहरण देखे हैं, जब लोगों ने अपने जीवट और जुनून से बड़ी-से-बड़ी चुनौतियों का सामना कर आगे की राह बनाई। मैथिलीशरण गुप्त ने लिखा है—

जितने कष्ट कंटकों में है, जिनका जीवन सुमन खिला,
गौरव गंध उन्हें उतना ही, यत्र-तत्र-सर्वत्र मिला।

ज़िंदादिली और जुनून का आलम यह होना चाहिए कि मुझे हर हाल में आगे बढ़ना है और अपना रास्ता ख़ुद गढ़ना है।

यहाँ यह भी ध्यान रखना ज़रूरी है कि यह जुनून भी 'आसक्ति' (attachment) से प्रभावित नहीं होना चाहिए। जब कोई व्यक्ति सफलता की प्रबल इच्छा के साथ नतीजे की सोचे बग़ैर आगे बढ़ता है, तो उसकी सफलता की संभावना बहुत बढ़ जाती है।

इस तरह की सोच के साथ तैयारी करने पर व्यर्थ के तनाव एवं दबाव से बचा जा सकता है और बेहतरीन प्रदर्शन को संभव बनाया जा सकता है। *मंज़िल मिले या न मिले, ज़िंदगी कभी रुकती या थमती नहीं है और व्यक्ति अपने जीवन में बेहतरी के लिए हमेशा प्रयास जारी रखता है।*

मन में हो विश्वास...

तैयारी और संघर्ष की लंबी, उबाऊ और थकावट भरी प्रक्रिया में कई बार ऐसा होता है कि आपके अपने माध्यम/तरीक़े, अपनी क़ाबिलियत या ख़ुद पर ही आपकी आस्था डगमगाने लगती है। कभी-कभी ऐसा भी लगता है कि यह परीक्षा या यह फ़ील्ड 'मेरे बस का रोग' नहीं है। ऐसा महसूस होना स्वाभाविक है और इसमें कोई दिक़्क़त भी नहीं है। पर कुछ दोस्त अनास्था के संकट का बुरी तरह शिकार होकर व्यथित हो जाते हैं और परीक्षा से जुड़े हर पहलू को लेकर एक आशंकापूर्ण और नकारात्मक नज़रिये का निर्माण कर लेते हैं। अनास्था इस हद तक कि 'मेरा तो चयन हो ही नहीं सकता' या 'मैं कभी अच्छे उत्तर नहीं लिख सकता' आदि। इस क़िस्म की अनास्था निश्चित रूप से चिंता का विषय हो सकती है।

जब मैं अतीत में मुड़कर ख़ुद को देखता हूँ तो मुझे याद आता है कि मुझे परीक्षा प्रणाली, अपने मीडियम, अपने विषय, अपनी क़ाबिलियत और सबसे बढ़कर—ख़ुद पर भरपूर आस्था रही है। अक्सर मुझे लगता है कि इस तरह की आस्था परीक्षा में बेहतर प्रदर्शन में सहायता करती है। ख़ुद की क़ाबिलियत पर आस्था आत्मविश्वास को संबल देती है और सफलता के नये क्षितिज खोलती है।

आस्था के इस सौंदर्य को अज्ञेय की कालजयी कविता 'असाध्य वीणा' में कुछ इस तरह अभिव्यक्त किया गया है—

श्रेय नहीं कुछ मेरा,
मैं तो डूब गया था स्वयं शून्य में,
वीणा के माध्यम से अपने को मैंने,
सब कुछ को सौंप दिया था—
सुना आपने जो वह मेरा नहीं,
न वीणा का था,
वह तो सब कुछ की तथता थी
महाशून्य
वह महामौन
अविभाज्य, अनाप्त, अद्रवित, अप्रमेय,
जो शब्दहीन,
सब में गाता है।

अपनी ताक़त पहचानें और जुट जाएँ

प्रकृति ने प्रत्येक व्यक्ति को कुछ विशेषताएँ और गुण प्रदान किए हैं, तो स्वाभाविक तौर पर कुछ कमियाँ भी। यद्यपि यह तय है कि हमारी कमियाँ या ख़ूबियाँ समय के साथ बदलती रहती हैं और कुछ प्रयासों से अपनी कमियों और नुक़सान पहुँचाने वाली आदतों से निजात भी पाई जा सकती है; परंतु इसके लिए ख़ुद को पहचानना और ख़ुद के प्रति एक समझ विकसित करना ज़रूरी है। दूसरे शब्दों में, इसी को 'आत्म-निरीक्षण' या 'आत्मान्वेषण' कहते हैं।

आत्म-निरीक्षण के लिए किसी को उपदेश देना जितना आसान है, उसे व्यावहारिक तौर पर ख़ुद अमल में लाना उतना ही कठिन है। *ख़ुद की कमियाँ ढूँढ़ना बड़ी हिम्मत का काम है और बड़े-बड़े तीसमार ख़ाँ इस काम में असफल हो जाते हैं।* इसका सीधा-सा मनोवैज्ञानिक कारण यह है कि हम ऐसे लोगों का साथ ज़्यादा पसंद करते हैं, जो हमें एप्रिशिएट करते रहें या हमारी कमियों को नज़रअंदाज़ करें। अपने आलोचकों का सम्मान करने का साहस तो कबीर जैसों में ही होता है—

निंदक नियरे राखिए, आँगन कुटी छवाय।
बिन पानी साबुन बिना, निर्मल करे सुभाय।।

कवि दौलतराम ने 'छहढाला' में श्रेष्ठ व्यक्ति का एक अनूठा गुण बताया है—'निज गुण अरु पर अवगुण ढाँके।' यानी वह व्यक्ति श्रेष्ठ है, जो अपने गुण और दूसरों की कमियाँ छिपाए। शायर डॉ. नवाज़ देवबंदी ने तो यहाँ तक लिखा है-

जिससे ख़ुद के भीतर के भी ऐब दिखाई देते हों,
हमने ऐसा भी एक अपना चश्मा बनवा रखा है।

इस तरह यह समझना अनिवार्य ही है कि *हमारे व्यक्तित्व में ख़ुद की ताक़त और कमज़ोरियों को पहचानने का हुनर शामिल होना चाहिए।* ख़ास तौर पर, यदि तैयारी के शुरुआती दौर में ही यह मालूम हो जाए तो अपनी विशेषताओं व गुणों को और निखारा जा सकता है और कमियों पर होमवर्क करके उन्हें काफ़ी हद तक बेअसर किया जा सकता है।

शानदार-ज़बरदस्त-ज़िंदाबाद!

आपने बिहार के एक कर्मयोगी दशरथ माँझी की कहानी सुनी होगी। धुन के पक्के इस शख़्स ने अपनी ज़िद से पहाड़ को चुनौती दी और अकेले दम पर पहाड़ पर छेनी-हथौड़ा चला-चलाकर राहगीरों के लिए रास्ता बना ही डाला। उन पर बनी फ़िल्म 'माँझी-द माउंटेन मैन' इस जज़्बे को बख़ूबी बयाँ करती है। जब भी कोई निरंतर मेहनत में जुटे दशरथ माँझी

को डिमोटिवेट करने या छेड़कर हाल-चाल पूछता, तो वह यही नारा लगाते थे- 'शानदार, ज़बरदस्त, ज़िंदाबाद'

शिव खेड़ा ने लिखा भी है—Winners don't do the different things, they do the things differently.

चीज़ों को अलग ढंग से करने वाले विजेता क़िस्म के लोग दरअसल जो रणनीति अपनाते हैं, उनमें निरंतरता (consistency या persistence) एक प्रमुख तत्त्व होता है। हमारे-आपके बीच ऐसे तमाम लोग होते हैं, जो शुरुआत तो बड़ी शानदार और महत्त्वाकांक्षी ढंग से करते हैं, पर अपने उस जज़्बे या चिंगारी (spark) को क़ायम नहीं रख पाते। ऐसे भी तमाम लोगों से हम मिलते हैं, जो रास्ते में छोटी-मोटी परेशानियों में धैर्य खोकर ढेर हो जाते हैं या परिस्थितियों पर ठीकरा फोड़कर ख़ुद को जस्टिफ़ाई करके बेदाग़ निकलने की कोशिश करने लगते हैं।

हमें यह समझना होगा कि जीवन के तमाम क्षेत्रों और परीक्षाओं में सफल अभ्यर्थियों के ऐसे ढेरों क़िस्से हैं, जिनमें निरंतरता प्रायः सफलता का एक अनिवार्य तत्त्व रहा है।

आजकल व्यक्ति की योग्यता का आकलन करने के मानदंडों में काफ़ी बदलाव आया है। पहले जहाँ IQ (Intelligence Quotient) को ही व्यक्ति की क़ाबिलियत का आधार माना जाता था, वहीं बाद में इसमें EQ (Emotional Quotient) का तत्त्व भी शामिल हुआ और आजकल नियोक्ता अपने भावी अधिकारी/कर्मचारी के PQ (Persistence Quotient) का आकलन करना ज़रूरी समझने लगे हैं। यदि किसी अधिकारी/कर्मचारी को कोई प्रोजेक्ट सौंपा जाए और उसका शुरुआती उत्साह व रुचि कुछ दिनों में ख़त्म हो जाए तो उस प्रोजेक्ट की सफलता की संभावना निश्चय ही कम हो जाती है। लिहाज़ा, परीक्षा की पूरी प्रक्रिया के दौरान सतत उत्साह और निरंतरता बनाए रखना सफलता की संभावनाओं को कई गुना बढ़ा सकता है। निरंतरता की इस ख़ूबी की ज़रूरत को रेखांकित करते हुए कवि सोहनलाल द्विवेदी ने लिखा है—

जब तक न सफल हो, नींद-चैन को त्यागो तुम,
संघर्ष का मैदान छोड़कर, मत भागो तुम,

कुछ किए बिना ही जय-जयकार नहीं होती,
कोशिश करनेवालों की कभी हार नहीं होती।

हमेशा सीखते रहें...

मनुष्य में एक ऐसा ख़ास गुण है, जो उसे बाक़ी प्राणियों से भिन्न बनाता है और जिस गुण के बल पर वह आज महाबली बन गया है। वह गुण है—सीखना (learning)। यह इंसान की सीखने की भूख ही है, जो उसे निरंतर नये आविष्कार करने, निरंतर आगे बढ़ने और कुछ नया सुधार करने को प्रेरित करती है। एक बच्चे में भी बचपन से ही सीखने की ज़बरदस्त प्रवृत्ति होती है और वह अनुकरण (imitation) से तेज़ी से चीज़ों को सीखता है। इस तरह सीखने की यह प्रक्रिया निरंतर चलती रहती है और हमारी सोच के आयामों का विस्तार होता जाता है। हम अपने परिवार, दोस्तों, शिक्षकों, पास-पड़ोस, आस-पास के पर्यावरण, अख़बार, पत्रिकाएँ, इंटरनेट, साहित्य, विज्ञान, खेल-कूद—सबसे निरंतर सीखते ही जाते हैं और दिन-प्रतिदिन परिपक्व (mature) होते जाते हैं।

सिविल सेवा परीक्षा की प्रकृति भी कुछ ऐसी है कि इसके लिए परिपक्वता (maturity) का एक स्तर आवश्यक है, जिसका हमारी शारीरिक उम्र से कोई ख़ास लेना-देना नहीं होता। हममें से ही कुछ साथी ऐसे होते हैं, जो कम उम्र में ही संतुलित राय, खुला दिमाग़ और व्यापक दृष्टिकोण रखते हैं और हममें से ही कुछ साथी अधेड़ उम्र में भी संकुचित सोच के दायरे में रहकर कूपमंडूक बने रहते हैं। इसीलिए सफलता और उसके बाद के सुदीर्घ कैरियर में सफलता के लिए एक वैचारिक परिपक्वता और निरंतर सीखने का जज़्बा बेहद ज़रूरी है।

हम जितना पढ़ते हैं, पाते हैं कि उससे कहीं ज़्यादा हमने पढ़ा ही नहीं है। दरअसल ज्ञान का सागर अथाह है और हमने इसकी कुछ बूँदें ही चखी हैं। सीखने की अदम्य ललक और लालसा किसी की भी राह आसान कर सकती है। छोटों से सीखने में संकोच बिल्कुल न करें और आस-पास के वातावरण, देश-दुनिया में घट रही घटनाओं को ऑब्ज़र्व कर उनसे निरंतर सीखते रहें। सीखने का यह जज़्बा परीक्षा में ही नहीं, उम्र भर मदद करता

है और जीवन भर सीखने (Life long learning) और आत्म-विकास (Self development) का आधार तैयार करता है।

कवि भवानी प्रसाद मिश्र ने लिखा भी है-

कुछ लिख के सो,
कुछ पढ़ के सो,
तू जिस जगह जागा सवेरे,
उस जगह से बढ़ के सो।

Attitude और Aptitude...

जीवन के प्रत्येक क्षेत्र में सफलता के लिए ज़रूरी है कि आपकी अभिवृत्ति (Attitude) और अभिरुचि (Aptitude) उस क्षेत्र की ओर सामान्यतः हों। यानी आपका रुझान या झुकाव उस क्षेत्र विशेष की ओर होना उस क्षेत्र में आपकी सफलता की संभावनाओं को बहुत हद तक बढ़ा देता है। विशेषज्ञता (Specialization) के इस दौर में यदि आपको एक अच्छा प्रबंधक बनना है, तो आपके मैनेजमेंट एप्टीट्यूड का परीक्षण किया जाता है और यदि आपको एक अच्छा शिक्षक या शोधार्थी बनना है, तो आपका टीचिंग एवं रिसर्च एप्टीट्यूड जाँचा जाता है।

सिविल सेवा परीक्षा, इस दृष्टि से तमाम अन्य प्रतियोगी परीक्षाओं से कुछ भिन्न और अनूठी (unique) है। इसमें आपकी किसी क्षेत्र विशेष में महारत की परीक्षा न होकर सामान्य जीवन के सभी क्षेत्रों की बेसिक समझ और नज़रिये का परीक्षण करने की कोशिश की जाती है। यानी आपसे एक विशेषज्ञ (specialist) होने के स्थान पर एक सामान्यज्ञ (generalist) होने की अपेक्षा की जाती है। सिविल सेवाओं की प्रकृति भी कुछ ऐसी है कि इसमें अपने आस-पास के पर्यावरण की सामान्य समझ, व्यापक दृष्टिकोण और सीखने का जज़्बा रखने वाले विज़नरी (Visionary) युवाओं की दरकार होती है, जिनके कौशलों (skills) को उत्कृष्ट प्रशिक्षण के माध्यम से निखारकर भविष्य के चुनौतीपूर्ण कैरियर के लिए तैयार किया जाता है।

अभिरुचि और अभिवृत्ति के विकास की इस सतत प्रक्रिया में अपने

व्यक्तित्व निर्माण हेतु इन बातों का भी ध्यान रखें—

(i) देश-दुनिया व समाज में लगातार घट रही घटनाओं के विविध आयामों और उनके सामाजिक-आर्थिक-राजनीतिक-सांस्कृतिक प्रभावों के प्रति एक जागरुकता (awareness) बनाए रखें और लगातार ख़ुद को अपडेट रखने की आदत विकसित करें।

(ii) सामाजिक सरोकारों (social concerns) को अपनी सोच और ज़िंदगी का अनिवार्य हिस्सा मानकर चलें। ज़रूरतमंद लोगों और वंचित वर्गों के प्रति अपने योगदान के बारे में भी सोचें और ज्वॉय ऑफ़ गिविंग का आनंद महसूस करें।

(iii) जब कभी अनिर्णय की स्थिति में हों या कुछ समझ न पा रहे हों तो कॉमन सेंस का इस्तेमाल करें। हममें से सबके पास कॉमन सेंस होता है, पर हम इसका प्रासंगिक इस्तेमाल नहीं कर पाते। 'Common sense is not so common.' परीक्षा देते समय तथा तैयारी के दौरान अनेक अवसरों पर अक्सर कॉमन सेंस ही हमें राह दिखाती है।

(iv) संकुचित दृष्टिकोण से बचें और खुले दिमाग़ से नये विचारों का स्वागत करते रहें तथा निरंतर सीखते रहें। ऋग्वेद में भी लिखा है कि—

आ नो भद्राः क्रतवो यन्तु विश्वतः यानी—विश्व भर से श्रेष्ठ विचार हमारी ओर आएँ। अतः किसी भी क़िस्म की संकीर्णता के दायरे में बँधने के बजाय व्यापक व संतुलित दृष्टिकोण अपनाएँ और अपने व्यक्तित्व का चहुँमुखी विकास करें।

हार्ड वर्क का कोई विकल्प नहीं

एक पुरानी कहावत है—

करत-करत अभ्यास ते जड़मति होत सुजान।
रसरी आवत-जात ते, सिल पर पड़त निसान॥

यानी निरंतर अभ्यास से तो मूर्ख भी बुद्धिमान हो जाते हैं। जिस प्रकार रस्सी के बार-बार रगड़ने से कुएँ के पत्थर पर भी निशान पड़ जाते हैं। इस कथन का सीधा-सा अभिप्राय यह है कि अभ्यास और कठिन परिश्रम का

कोई विकल्प नहीं है।

इस बात में कोई दो राय नहीं है कि *सफलता का कोई शॉर्टकट नहीं होता* और निरंतर क़दम-दर-क़दम आगे बढ़ते रहने पर ही सफलता प्राप्त होती है।

आपमें कड़ी मेहनत करने की प्रवृत्ति होना इसलिए भी ज़रूरी है, क्योंकि सफलता की राह और उसके बाद सेवाकाल में भी हर मोड़ पर कठिन परिश्रम व चुनौतियों का सामना करना ही होता है। कहा भी जाता है—*कठिन परिश्रम का पुरस्कार है और अधिक परिश्रम।* लिहाज़ा मेहनत करने से क़तई न कतराएँ और आलस्य से बचते हुए ख़ुशी-ख़ुशी सहज भाव से भरपूर परिश्रम करें।

विनम्रता सर्वश्रेष्ठ नीति है

व्यक्तित्व-निर्माण की प्रक्रिया में जो विशेषता विकसित करना अपरिहार्य है, वह है—विनम्रता। *विनम्रता एक ऐसा गुण है, जो आपको भी ख़ुश रखता है और आपसे जुड़े लोगों को भी।* हम अपने आस-पास अक्सर ऐसे साथियों को देखते हैं, जो परीक्षा का कोई चरण उत्तीर्ण होने या अपने अच्छे प्रदर्शन पर विचलित हो जाते हैं और ज़मीन पर पाँव भी नहीं रखते। छोटी-छोटी ख़ुशियों को जीना चाहिए; पर अपनी छोटी-छोटी सफलताओं का गुमान करना या व्यर्थ में इतराना अथवा दूसरों को नीचा दिखाना भला कहाँ की समझदारी है!

और फिर, हमें ग़ुरूर हो भी तो भला किस बात का! हम जितना पढ़ते जाते हैं, पाते हैं कि उससे कहीं ज़्यादा हमने पढ़ा ही नहीं है। अतः ज्ञान एवं सीखने की लालसा बनाए रखें और ख़ुद की लकीर बड़ी कर आगे बढ़ने का प्रयत्न करें।

अपने कौशल (Skills) विकसित करें

यूँ तो सभी व्यक्तियों की क्षमताएँ अनंत हैं, पर हम व्यक्तियों में भेद कैसे करते हैं। हम कैसे किसी व्यक्ति को बेहतर या अधिक योग्य समझते

हैं और किसी को कमतर? इसका पैमाना होता है उसके व्यक्तित्व में निहित कौशल (skill)। मज़े की बात यह है कि हम में से कोई भी थोड़ी मेहनत और लगन से अपने कौशल को विकसित कर सकता है।

मैनेजमेंट में हम पढ़ते हैं कि मोटे तौर पर स्किल तीन तरह के होते हैं—

(i) तकनीकी कौशल (Technical skills)

(ii) सांबोधिक या अवधारणात्मक कौशल (Conceptual skills)

(iii) मानवीय कौशल (Human skills)

यदि सिविल सेवा परीक्षा की दृष्टि से एक वाक्य में इन तीनों कौशलों का अर्थ समझें तो हमारी जानकारी, रणनीति, अभ्यास, रिवीज़न आदि टेक्निकल स्किल के अंतर्गत; विभिन्न अवधारणाओं पर हमारी राय, समझ और विश्लेषण आदि कंसेप्चुअल स्किल के अंतर्गत; और हमारी जिजीविषा, सीखने का जज़्बा, एटीट्यूड व एप्टीट्यूड हमारे ह्यूमन स्किल के अंतर्गत आएँगे। किसी व्यक्ति के संचार कौशल (communication skills) और अंतर्वैयक्तिक कौशल (interpersonal skills) भी उसके मानवीय कौशलों की श्रेणी में आएँगे।

ख़ुद के सर्वांगीण व्यक्तित्व को सँवारने के लिए इन तीनों श्रेणियों के कौशलों की दरकार है। लिहाज़ा उम्मीदों से लबरेज़ युवा कोशिश करें कि ये स्किल्स उनके व्यक्तित्व में समाहित हो जाएँ और उनके व्यक्तित्व का स्थायी हिस्सा बनकर उसे सँवारते-निखारते जाएँ।

रिश्ता तो बस निभाने में है...

रिश्ते निभाना सीखें। तैयारी की प्रक्रिया और जीवन की दौड़ में आपके अपने हमेशा आपका साथ निभाते हैं। परिवार और दोस्त आपको मोटिवेट कर ऊर्जा से भर सकते हैं और हर क़दम पर आपको हिम्मत बँधा सकते हैं। ख़ुश रहने और पॉजिटिविटी बनाए रखने के लिए घर-परिवार और अच्छे दोस्तों से जुड़ाव बनाए रखें। मैंने कहीं सुना था—

लाख मुश्किल ज़माने में है,
रिश्ता तो बस निभाने में है।

कॉम्पटिशन की तैयारी या ज़िंदगी के झंझावातों के दौरान हमेशा ऐसा नहीं होता कि आप 'सरल रेखा' में जीवन जिएँ। यानी परीक्षा की तैयारी शुरू करने से लेकर इस दौरान अक्सर उतार-चढ़ाव आते रहते हैं। ऐसे में, आपको संबल देने, आपको सहज बनाए रखने के लिए कुछ अच्छे रिश्तों की दरकार होती है। ये रिश्ते आपके माता-पिता एवं भाई-बहन के भी हो सकते हैं और क़रीबी दोस्तों के भी।

तैयारी के दौरान तनाव-मुक्त, दबाव-मुक्त और प्रसन्नचित्त रहने के लिए रिश्ते निभाना और उन्हें एंज्वॉय करना बहुत मदद करता है। आप भी रिश्ते निभाएँ और आपके इष्टजन भी आपके सुख-दुःख में आपका साथ निभाएँ, यह तैयारी ही नहीं, पूरी ज़िंदगी की एक स्वाभाविक ज़रूरत है।

सकारात्मकता से भरपूर रहें

मेरी समझ में सफलता के प्रति प्रतिबद्ध किसी भी अभ्यर्थी का अदम्य सकारात्मकता से भरपूर होने का गुण उसे बाक़ी अभ्यर्थियों से काफ़ी बेहतर स्थिति में पहुँचा सकता है। परीक्षा की लंबी व कठिन प्रक्रिया के दौरान सकारात्मकता और मोटिवेशन लेवल बनाए रखना इतना आसान भी नहीं है; पर थोड़े प्रयास से इस स्तर को क़ायम रखा जा सकता है। मेरी दृष्टि में, इस सकारात्मकता के स्तर को बनाए रखने में ये कुछ तरीक़े कारगर हो सकते हैं—

(i) अमूमन ख़ुश रहें और दूसरों को भी ख़ुश रखें। पढ़ाई को तनाव की तरह लेने के बजाय एंज्वॉय करें और भीतर से प्रसन्न रहें। एक शायर ने लिखा है—

ख़ुलूस दिल में, ज़ुबाँ पर मिठास रहने दो,
न ख़ुद रहो, न किसी को उदास रहने दो।

(ii) छोटी-छोटी ख़ुशियों को सेलिब्रेट करें और आज की ख़ुशी का सेलिब्रेशन कल के लिए आरक्षित न करें। मेरा अभिप्राय यह है कि ऐसा

रवैया न बनाएँ कि मैं तो फ़लाँ सफलता मिलने पर ही ख़ुश होऊँगा या सेलिब्रेट करूँगा। ज़िंदादिली बनी रहे, इसके लिए ज़रूरी है कि ख़ुश रहने के लिए किसी मौक़े का इंतज़ार क़तई न करें।

(iii) किसी से मिलना मोटिवेशनल लगता है और किसी से बात करके निराशा और अवसाद मिलता है। अत: कोशिश करें कि पॉज़िटिव सोच रखने वालों की संगति करें और निगेटिविटी से भरपूर लोगों से एक सुरक्षित दूरी बनाए रखें। यानी *निगेटिव क़िस्म के लोगों से व्यर्थ के विवादों में उलझे बग़ैर अपनी राह पर सकारात्मक सोच के साथ आगे बढ़ते जाएँ।* हाँ, समालोचनात्मक टिप्पणी और सुधार के सुझावों का खुलकर स्वागत करें।

(iv) अपनी रुचियाँ विकसित करें। हममें से हर किसी का रुझान और अभिरुचियाँ अलग-अलग हो सकते हैं। किसी को खेलना पसंद है तो किसी को नॉवेल पढ़ना, किसी को योगाभ्यास भाता है तो किसी को सिनेमा-संगीत का शौक़ होता है। अपनी रुचियों पर बहुत ज़्यादा वक़्त न भी इन्वेस्ट कर सकें, पर दिन में एक-दो घंटा तो इन्हें दे ही सकते हैं। ये रुचियाँ व शौक़ न केवल आपको ख़ुशी और संतुष्टि देते हैं, बल्कि तरोताज़ा एहसास भी कराते हैं। सकारात्मकता बनाए रखने के लिए ज़रूरी है कि *छोटे-छोटे लक्ष्य बनाएँ, छोटी-छोटी ख़ुशियों को सेलिब्रेट करें और छोटी-छोटी बातों का तनाव न लें।*

अस्त-व्यस्त नहीं, व्यस्त और मस्त रहें...

एक हैं श्रीमान 'क'। कैरियर और एग्ज़ाम की तैयारी के प्रति पूर्ण समर्पित। निष्ठा और समर्पण में कोई कमी नहीं। सोने और खाने के लिए बमुश्किल कुछ समय निकालकर, बाक़ी समय बस पढ़ते हैं। इतना पढ़ते हैं कि अड़ोस-पड़ोस के साथी इनसे लगभग भयाक्रांत रहते हैं। लिखते भी ठीक-ठाक हैं और स्मरण शक्ति भी बढ़िया है। सिलेबस भी पूरा तैयार है। इनके रूम पर इतनी किताबें और नोट्स का अंबार है कि आप देखने मात्र से ही तनाव में आ जाएँ।

पर आश्चर्यजनक रूप से पिछले काफ़ी समय से इन्हें परीक्षाओं में अपेक्षित सफलता नहीं मिल पा रही है। नतीजा हर बार वही सिफ़र।

उनके क़रीबी दोस्त बताते हैं कि वे इतनी मेहनत के बावजूद अनियमित और बेतरतीब दिनचर्या के शिकार हैं और विशेषकर परीक्षा के दिनों में बेहद तनाव और दुश्चिंता से ग्रस्त हो जाते हैं।

दूसरे हैं श्रीमान 'ख'। जीवन कुछ हद तक व्यवस्थित-सा है इनका। अक्सर व्यस्त रहते हैं। पढ़ाई भी जमकर करते हैं और कभी-कभार मस्ती भी। दोस्तों के भी पसंदीदा साथी हैं श्रीमान 'ख'। टाइम मैनेजमेंट ऐसा कि थोड़ा-बहुत वक़्त अपनी रुचियों के लिए भी निकाल ही लेते हैं। जब भी आप इनसे मिलेंगे तो इनके चेहरे पर एक मंद मुस्कान तैरती हुई मिलेगी। परीक्षा के दिनों में अतिरिक्त तनाव इनके लिए अजीब-सी बात है और ये जनाब अपने चिरपरिचित शांत स्वभाव को परीक्षाओं में भी क़ायम रखते हैं। इनके बारे में एक और दिलचस्प बात यह है कि जितना इनपुट ये देते हैं, उससे ज़्यादा इनका आउटपुट रहता है। ये महोदय श्रीमान 'क' जितना तो नहीं पढ़ पाते, पर जितना पढ़ते हैं, व्यवस्थित और नियमित ढंग से, वो भी रिवीज़न के साथ।

प्रिय दोस्तो, हमारे आस-पास श्रीमान 'क' और श्रीमान 'ख' जैसे तमाम साथी मिल जाएँगे। हो सकता है कि आप में से भी कई साथियों के लक्षण श्रीमान 'क' या श्रीमान 'ख' से मिलते-जुलते हों। इसी बीच मैं आपसे एक सवाल भी पूछना चाहता हूँ, जिसका ईमानदार जवाब आपको ख़ुद को ही देना है।

क्या आपके साथ भी ऐसी ही समस्या है कि आप मेहनत तो ख़ूब करते हैं, पर नतीजे नहीं मिल पाते? तैयारी भरपूर है पर इतनी अव्यवस्थित है कि आपको ख़ुद नहीं मालूम कि मैंने फ़लाँ टॉपिक कितनी किताबों से या किन-किन स्रोतों से पढ़ा है? क्या आपको कभी-कभी ऐसा लगता है, मेरा अमुक साथी जो मुझसे कम पढ़ता था, वह परीक्षा में सफल कैसे हो गया? या मैंने जिसे पढ़ाया, वही मुझे पीछे छोड़कर ख़ुद चयनित हो गया? क्या आपको ऐसा लगता है कि जितनी पढ़ाई मैंने की, उसके अनुरूप मुझे कभी परिणाम मिला ही नहीं। या फिर यह महसूस हुआ हो कि मेरी तैयारी में ऐसी कौन-सी कमी है कि सफलता मेरे पास आकर भी दूर छिटक जाती है?

अगर आपको ये सारे सवाल या इनमें से कुछ सवाल भी मथते हैं तो आपको निश्चित रूप से आत्ममंथन कर लेना चाहिए। हो सकता है कि आपकी स्थिति श्रीमान 'क' से मिलती-जुलती हो। हो सकता है कि आप अस्त-व्यस्त तरीक़े से तैयारी करते हों और अस्त-व्यस्त तरीक़े से ही उसे

परीक्षा में लिखकर आते हों।

साथियो, आप यह बात समझ रहे होंगे कि दरअसल हमें श्रीमान 'क' से श्रीमान 'ख' तक की यात्रा तय करनी है। सफलता की राह को जटिल न बनाकर उसे सरल और सहज बनाते हुए सफलता की संभावना को बढ़ाना है और आगे बढ़ते जाना है।

आपने समझा कि 'अस्त-व्यस्त' तरीक़े से पढ़ाई और तैयारी के क्या-क्या साइड इफ़ेक्ट होते हैं? जबकि हमारे ही बीच कुछ साथी व्यस्त और मस्त रहकर अपेक्षाकृत कम तैयारी के बावजूद बेहतर नतीजे हासिल कर लेते हैं।

आइए, चर्चा करते हैं कि ऐसा क्यों होता है। दरअसल 'व्यस्त' रहना एक बात है, और 'अस्त-व्यस्त' रहना दूसरी बात। सफल होने और साथ ही ख़ुश रहने के लिए, व्यस्त रहना निश्चय ही ज़रूरी है, पर अस्त-व्यस्त तरीक़े से व्यस्त रहना क़तई ज़रूरी नहीं है। इसके बजाय मस्त रहते हुए व्यस्त रहना कई गुना बेहतर है। मस्त और व्यस्त रहने का सीधा-सा फ़ायदा यह होता है कि आप व्यर्थ के तनाव से बचे रहते हैं और परीक्षा में भी शांत और सहज मन से बेहतर प्रदर्शन कर पाते हैं।

आइए जानें, 'व्यस्त और मस्त' रहने के लक्षण और फ़ायदे-

-आप अमूमन प्रसन्न रहते हैं और आपमें सकारात्मक ऊर्जा का प्रवाह बना रहता है।

-आप जो भी पढ़ते हैं, उसे एंज्वॉय करते हैं और तनावपूर्ण समय में भी सहज रहते हैं।

-सहज और शांत रहने की इस आदत के चलते परीक्षा हॉल में भी आपका प्रदर्शन औसत से बेहतर रहता है, क्योंकि आप दिमाग़ पर अनावश्यक भार रखे बिना खुलकर लिख पाते हैं।

-साथ-ही-साथ आप परीक्षा के परिणाम को लेकर ज़्यादा चिंतित भी नहीं होते और हर परिस्थिति के लिए तैयार रहते हैं। एक कहावत भी है- 'Try for the best, prepare for the worst.'

दरअसल व्यस्त रहना एक नियामत की तरह है। और अगर मस्त रहकर व्यस्त रहा जाए, तो यह सोने पर सुहागा ही है। व्यस्त रहने से आपको एक संतुष्टि का भाव महसूस होता है और आप अपने दिन को जस्टीफ़ाई कर पाते हैं।

पर आख़िर ऐसे कौन-से तरीक़े हैं, जिनसे हम अपनी आदत में कुछ बदलाव लाते हुए बिज़ी रहते हुए भी ख़ुश रह सकते हैं।

–दिनचर्या को नियमित करने की कोशिश करें। 'परफ़ेक्ट' दिनचर्या जैसी कोई चीज़ नहीं होती। जहाँ तक संभव हो, एक ठीक-ठाक दिनचर्या बनाकर उसका पालन करने की कोशिश करें।

–अस्त-व्यस्त और अव्यवस्थित रहने की आदत से धीरे-धीरे छुटकारा पाएँ। जैसे कि आप स्टडी का एक शेड्यूल बना लें, जिसमें पढ़ाई के साथ-साथ अभ्यास, रिवीज़न और लेखन का भी समुचित स्थान हो।

–अपने स्वत्व और सहजता को बनाए रखें। अपने शौक़ व रुचियों और फ़िटनेस व हाईजीन का भी ख़याल रखें। अपनी दिनचर्या में योग व प्राणायाम को शामिल करने का प्रयास करें।

–व्यस्त रहना आपको शारीरिक व मानसिक रूप से स्वस्थ बनाए रखता है। पर साथ ही प्रसन्नचित्त और मस्त रहकर पढ़ाई करने का अपना ही आनंद है।

–स्वयं भीतर से ख़ुश रहें, तभी आप अपने आसपास के लोगों को ख़ुश रख सकते हैं। ख़ुशी संक्रामक होती है। भीतर से ख़ुश रहें और बाहर भी ख़ुश दिखें।

परस्परोपग्रहो जीवानाम् : साथ निभाएँ

ज़िंदगी की राह बहुत सारे उतार-चढ़ावों और सम-विषम परिस्थितियों से भरी है। आप बेहतरी के लिए जो भी प्रयास करते हैं, उनमें कोई-न-कोई बाधा आती ही है। कभी-कभी आप महसूस करते हैं कि मुश्किल वक़्त में किसी दोस्त या संबंधी की मदद से आप उस परेशानी का सामना कर पाए और फिर से आपने ज़िंदगी की लय पकड़ ली। आप यह भी महसूस करते हैं कि अगर इस वक़्त में कोई अपना या कोई अच्छा दोस्त आपका साथ देता तो शायद आप उस मुसीबत से जल्दी और आसानी से निकल जाते।

कभी-कभी हम यह भी पाते हैं कि ज्ञान और अनुभव का महासागर अनंत और विराट है और हम सबने अभी मुश्किल से इस सागर में एक-एक डुबकी ही लगाई है। अत: किसी एक इंसान के लिए इस विराट सागर की थाह पाना मुश्किल ही नहीं नामुमकिन है। शायद इसीलिए प्रसिद्ध दार्शनिक

सुकरात ने एक बार कहा था- *'मैं सबसे ज़्यादा ज्ञानी इस अर्थ में हूँ कि मैं ये जानता हूँ कि मैं कुछ भी नहीं जानता।'* यानी सुकरात को अपनी अल्पज्ञता और अकिंचनता का बोध हो गया था और वे इस बात को महसूस कर चुके थे कि उन्होंने इस विराट महासागर की कुछ बूँदें ही चखी हैं।

लिहाज़ा हम भी सुकरात जितने ज्ञानी भले ही न हों, पर हम यह महसूस तो करते ही हैं कि हम ज्ञान और अनुभव के इस विराट महासागर की थाह अकेले अपने दम पर नहीं पा सकते। हम इतना समझते हैं कि हमारी जानकारी और समझ का दायरा सीमित है और देश-काल-परिस्थितियों की कुछ सीमाएँ हैं, जिनके चलते हम कभी भी सब कुछ नहीं जान सकते। यहाँ यह भी समझना ज़रूरी है कि न तो इस जगत में सर्वज्ञ बनना संभव है और न ही वांछनीय।

इस संबंध में जैन आचार्य उमास्वामी ने अपने ग्रंथ 'तत्वार्थ सूत्र' में एक सूत्र लिखा था- *'परस्परोपग्रहो जीवानाम्।'* इसका अभिप्राय है कि 'इस जगत में प्राणी एक दूसरे के सहयोग से लाभान्वित होते हैं (Living beings benefit by helping each other)।' यह सूत्र परीक्षा की तैयारी की प्रक्रिया से लेकर जीवन के हर मोड़ पर काम आ सकता है।

अक्सर प्रतियोगी परीक्षाओं की तैयारी और प्रतिस्पर्धाओं के दौरान हम सोचते हैं कि हमें जो पता है, वो किसी को नहीं पता और हमें अपना ज्ञान और अनुभव सबसे छिपाकर रखना चाहिए। कुछ लोग यहाँ तक भी सोचते हैं कि अगर मैंने अपने विचार/नोट्स/किताब/रणनीति किसी दोस्त या सहपाठी से साझा कर ली, तो कहीं उसके अंक मुझसे ज़्यादा न आ जाएँ। अगर किसी ने मेरे ज्ञान का फ़ायदा उठा लिया और वह मुझसे पहले परीक्षा में सफल हो गया, तो क्या होगा?

दोस्तो, दरअसल यह सोच एक संकुचित सोच है, जो आपको आगे बढ़ाने के स्थान पर पीछे की ओर धकेलती है। इस तरह की सोच से न तो आपका कोई भला होने वाला है और न ही किसी और का। वास्तविकता तो यह है कि सिविल सेवा परीक्षा की प्रकृति कुछ ऐसी है कि इसमें प्रत्येक अभ्यर्थी के अंक उसके अपने अध्ययन और कौशल के आधार पर आते हैं, न कि महज़ किसी का अनुकरण करने से।

बल्कि मैं तो यह कहूँगा कि ज़्यादातर परीक्षाओं के नवीनतम पैटर्न में 'परस्परोपग्रहो जीवानाम्' का सूत्र बहुत काम का है और आपकी तैयारी को अधिक व्यापक, डायनमिक और समग्र बना सकता है। अगर किसी टॉपिक विशेष पर आप बेहतर जानते हैं और किसी अन्य टॉपिक पर आपके किसी साथी की समझ अच्छी है, तो आप दोनों मिलकर एक-दूसरे के सहयोग से लाभान्वित हो सकते हैं। 'ग्रुप डिस्कशन' इसका एक बेहतरीन तरीक़ा है। ग्रुप डिस्कशन से ज्ञान और समझ तो बढ़ते ही हैं, साथ ही बोलने और सुनने का कौशल भी विकसित होता है। इस तरह आप अपेक्षाकृत फ़ायदे की स्थिति में होते हैं।

शास्त्र कहते हैं कि *विद्या ही एकमात्र ऐसा धन है, जो बाँटने पर बढ़ता है।* यह एक बहुत दिलचस्प बात है। मैंने तैयारी के दौरान बहुत बार यह महसूस किया कि मैं अपने पढ़ी हुई विषयवस्तु को किसी अन्य अभ्यर्थी के साथ बाँट पाऊँ। मनोविज्ञान भी मानता है कि अगर हम अपना ज्ञान किसी से शेयर करते हैं, तो हम उस ज्ञान को लंबे समय तक मस्तिष्क में स्टोर कर पाते हैं। किसी से कुछ सुनना और किसी को कुछ सुनाना, दोनों ही चीज़ों को याद रखने में मदद करते हैं। साथ ही, पढ़ा हुआ या सीखा हुआ ज्ञान शेयर करने रो हमें भी उसके नये आयाम पता चलते हैं, जो शायद हमने पहले सोचे भी नहीं थे। इंग्लिश की एक कहावत भी है-

Tell me and I forget,
Teach me and I remember,
Involve me and I learn.

'परस्परोपग्रहो जीवानाम्' का यह सूत्र पढ़ाई में ही नहीं, तैयारी की लंबी और थकाऊ प्रक्रिया की बाक़ी जटिलताओं में भी आपके काम आता है और आपका मनोबल भी बढ़ाता है। मिसाल के तौर पर, मैं अपने कुछ ऐसे साथियों को जानता हूँ, जो इस तैयारी के दौरान मिलने वाली असफलताओं या तनावों से बहुत प्रभावित हो गए और लगभग अवसाद या डिप्रेशन जैसी हालत में पहुँच गए। ज़िंदगी की दौड़ में अकेले आगे बढ़ने में कोई बुराई भी नहीं है, पर नितांत एकाकी हो जाना कभी-कभी समस्या का कारण

बन जाता है। आप अपनी चिंताएँ/तनाव/परेशानियाँ/ख़ुशियाँ/मस्तियाँ यदि कभी किसी से साझा नहीं करते, तो आप भीतर-ही-भीतर घुटने लगते हैं और यह स्थिति कभी-कभी जब ज़्यादा बढ़ जाती है, तो मनोविकारों में परिणत हो जाती है। जबकि यदि आप एक-दूसरे का सहयोग करते हुए, हँसते-मुस्कुराते, आगे बढ़ते हैं, तो ज़रूरत या तनाव की स्थिति में आपका साथ देने के लिए आपके परिजन, दोस्त और सहपाठी आपके साथ होते हैं। मत भूलिए कि महाबली हनुमान को भी उनकी भूली-बिसरी शक्तियाँ याद दिलाने के लिए जांबवंत को *'का चुप साधि रहा बलवाना'* कहना पड़ा था।

साथ-साथ क़दम बढ़ाने का यह संदेश हमारे वेदों में भी दिया गया है-

सं गच्छ्ध्वम् सं वदध्वम् सं वो मनांसि जानताम्।

यानी साथ-साथ चलो, साथ-साथ बोलो और साथ-साथ एक-दूसरे के मन को समझो। इसका अर्थ यदि थोड़ी गहराई से समझें, तो हम जान पाएँगे कि ज़िंदगी की राह में हमारा एक-दूसरे का साथ देना या एक-दूसरे के काम आना कितना ज़रूरी है। विशेषकर, प्रतियोगी परीक्षाओं की तैयारी में तो यह बहुत उपयोगी है। एक-दूसरे से अपना ज्ञान-अनुभव-समझ-कौशल बाँटने से ये सभी बढ़ते ही हैं, घटने का तो कोई सवाल ही नहीं है।

किसकी मदद की कब ज़रूरत पड़ जाए, या कौन कब आपके काम आ जाए, इसका कुछ पता नहीं। कभी-कभी तो किसी परीक्षा या अवसर की जानकारी हमें किसी और से ही होती है। इसी तरह कभी-कभी हम किसी की मदद से ही तैयारी की सही दिशा और गति पकड़ पाते हैं। दोस्तो, *'बूँद-बूँद से ही सागर भरता है।'* एक-दूसरे के सहयोग से एक परस्पर प्रेम और सौहार्द का अद्‌भुत वातावरण बनाएँ और ज्ञान व सूचना की नवीन क्रांति से लाभान्वित हों।

क्या पढ़ रहे हैं आजकल?

'क्या पढ़ रहे हैं आजकल?' मैंने अपने एक दोस्त से यूँ ही एक शाम जब पूछा, तो उसने मुझे एनसीईआरटी और 'योजना' पत्रिका से लेकर इंडिया ईयरबुक और एम. लक्ष्मीकांत तक न जाने कितने नाम गिना दिए। मैंने हल्की-सी मुस्कान के साथ उससे दोबारा पूछा कि टेक्स्ट बुक्स और परीक्षा केंद्रित सामग्री के अलावा क्या पढ़ रहे हो आजकल?

मेरा ये सवाल सुनकर वह चौंका और मुझे ध्यान से देखने लगा, जैसे मैंने कोई अवांछित या अनपेक्षित-सी बात पूछ ली हो। होना क्या था, फिर वह शाम का.फी विचारोत्तेजक और दिलचस्प गुज़री। उस शाम की बातचीत की कुछ ज़रूरी और काम की बातें आपसे साझा कर रहा हूँ।

हममें से ज़्यादातर लोग परीक्षाओं की तैयारी के दौरान बेहद सीमित और संकीर्ण-सा रवैया अपनाने के हिमायती होते हैं। हममें से अधिकतर लोग सोचते हैं कि कुछ निर्धारित टेक्स्ट बुक और चुनिंदा पत्र-पत्रिकाएँ पढ़ना एकदम पर्याप्त है और इसके अलावा अगर हम कुछ भी रोचक-मनोरंजक फ़िक्शन या नॉन-फ़िक्शन या कोई और मैगज़ीन और अपनी

रुचि से जुड़ा साहित्य पढ़ रहे हैं, तो यह परीक्षा की गंभीर तैयारी के साथ अन्याय जैसा है।

हालाँकि इसमें कोई संदेह नहीं कि तैयारी सिविल सेवा परीक्षा की हो या अन्य किसी परीक्षा की, तैयारी फ़ोकस्ड और केंद्रित होनी ही चाहिए, ताकि बेहतर आउटपुट आ सके, पर मैं साथ ही यह भी जोड़ना चाहूँगा कि नये पैटर्न और ट्रेंड को देखते हुए रीडिंग हैबिट एक अनिवार्य ज़रूरत बनकर उभरी है। आइए समझते हैं क्यों और कैसे?

आपने सिविल सेवा परीक्षा के हाल ही के प्रश्नपत्रों में महसूस किया कि पूछे जाने वाले सवालों का दायरा पहले से ज़्यादा व्यापक ही हुआ है और यह अंदाज़ा लगाना सचमुच मुश्किल है कि सवालों के स्रोत कितने विविध और बिखरे हुए हो सकते हैं। इसका मतलब यह हुआ कि हमारी तैयारी का दायरा भी ठीक-ठाक व्यापक होना चाहिए, जिसमें हम अपनी आँख-कान खुले रखकर नई चीज़ों को लगातार सीखते रहें।

इस तरह अपने लेखन कौशल को निखारने के लिए प्रमुख तौर पर दो चीज़ों की दरकार होती है, एक तो अच्छी स्तरीय सामग्री (content) और दूसरा भाषा पर अधिकार, जिसमें हमारी शब्दावली (vocabulary) और शैली (style) महत्वपूर्ण भूमिका निभाते हैं। रीडिंग हैबिट यानी पढ़ने की आदत या पढ़ने का शौक़, इन दोनों ज़रूरतों को पूरा करके लेखन कौशल को निखारने में ज़बरदस्त मदद करता है। टेक्स्ट बुक से अलग कुछ और पढ़ते-पढ़ते न केवल नई जानकारियों और ज्ञान से रू-ब-रू होने का मौक़ा मिलता है, बल्कि भाषा पर पकड़ भी मज़बूत होती है। साथ ही एक बेहतरीन आदत का विकास होता है और आनंद की अनुभूति भी होती है।

पढ़ना भी बाक़ी रुचियों (hobbies) की तरह एक शानदार और दिलचस्प हॉबी है। लेकिन सवाल है कि इस तरह की शौक़िया रीडिंग कब करें और पढ़ें तो क्या पढ़ें?

पहली बात का जवाब तो यह है कि जब टेक्स्ट बुक पढ़ते-पढ़ते ऊब जाएँ, या फ़ुर्सत में हों, या ट्रैवल कर रहे हों, तो यूँ ही कोई भी किताब या मैगज़ीन, जो आपको पसंद हो या आपको आकर्षित करे, उसे पढ़ने का वक़्त निकालें।

लेकिन हिंदी में क्या पढ़ें, यह सवाल काफ़ी प्रासंगिक और ज्वलंत-सा हो जाता है। मैं इस सवाल का जवाब खोजने में आपकी मदद करने की कोशिश करता हूँ।

ऐसी किताबों को आप सुविधा और रुचि के अनुसार तीन-चार कैटेगरी में बाँट सकते हैं:-

पहली कैटेगरी में वे किताबें आती हैं, जो सीधे-सीधे परीक्षा के पाठ्यक्रम से जुड़ी नहीं हैं, पर उन्हें पढ़कर सामान्य अध्ययन या विषय पर अपनी पकड़ मज़बूत की जा सकती है और सोच का दायरा बढ़ाने व चिंतन की गहराई बढ़ाने में मदद मिलती है। ये किताबें, इतिहास, राजनीति, शासन, अंतरराष्ट्रीय संबंध, अर्थशास्त्र, समाज, नीति और दर्शन पर सामान्य रीडर्स की रुचि के हिसाब से लिखी जाती हैं और आपकी समझ को गहरा और व्यापक बनाती हैं। इन किताबों में अमर्त्य सेन, रामचंद्र गुहा, गुरचरन दास, ज्याँ द्रेज़, रजनी कोठारी, शशि थरूर, राम आहूजा, श्यामाचरण दुबे, प्रताप भानु मेहता, बिपिन चंद्रा, सुनील खिलनानी जैसे लेखकों की किताबें शामिल हो सकती हैं।

इनमें से ज़्यादातर किताबों के बेहतरीन हिंदी अनुवाद आजकल बाज़ार और अमेज़न वेबसाइट पर उपलब्ध हैं। इस तरह की ज्ञानवर्धक और प्रामाणिक किताबों के लिए भारत सरकार के नेशनल बुक ट्रस्ट और प्रकाशन विभाग की किताबें भी बेहतर विकल्प हैं।

दूसरी तरह की किताबें हैं एवरग्रीन रोचक साहित्यिक किताबें जैसे-प्रेमचंद, जैनेंद्र कुमार, चन्द्रधर शर्मा गुलेरी, मोहन राकेश, धर्मवीर भारती, फणीश्वरनाथ रेणु, श्रीलाल शुक्ल, अमरकांत, हरिशंकर परसाई, शरद जोशी, काशीनाथ सिंह, उदय प्रकाश, चित्रा मुद्गल, मैत्रेयी पुष्पा आदि के उपन्यास, कहानियाँ, नाटक और व्यंग्य। यह क्लासिक साहित्य आपको विविध तरह के समाजों के सामाजिक-आर्थिक-राजनीतिक और मनोवैज्ञानिक जीवन और समस्याओं को समझने में मदद करके संवेदनशील बनाता है और भाषायी कौशलों का विकास होता है, सो अलग। अगर आप कविताओं में दिलचस्पी रखते हैं, तो निराला, प्रसाद, महादेवी, पंत, दिनकर, मुक्तिबोध, अज्ञेय, नागार्जुन, राजेश जोशी की कविताओं से लेकर दुष्यंत कुमार, निदा

फ़ाज़ली, जावेद अख़्तर और गुलज़ार की ग़ज़लें-नज़्में आपका इंतज़ार कर रही हैं। हिंदी और उसकी सभी बोलियों-उपभाषाओं के बेहतरीन साहित्य को इंटरनेट पर पढ़ने के लिए आप 'कविता कोश' और 'गद्य कोश' नामक दो बेहतरीन वेबसाइटों का सहारा ले सकते हैं।

तीसरी तरह की किताबें भी शौक़िया क़िस्म की किताबें हैं। ये है युवाओं द्वारा लिखा गया युवाओं पर केंद्रित नया और ताज़गी भरा साहित्य, जो 'नई वाली हिंदी' में युवा लेखकों द्वारा लिखा गया है। यह ज़्यादातर कहानियाँ, नॉवल या ट्रेवलॉग (यात्रा वृतांत) हैं, जिनसे युवा पाठक ख़ुद को जोड़ पाते हैं और इन्हें हाथों-हाथ ले रहे हैं।

मिसाल के तौर पर ऐसी चर्चित किताबों में नीलोत्पल मृणाल की 'डार्क हॉर्स' व 'औघड़', दिव्य प्रकाश दुबे की 'मसाला चाय' और 'मुसाफ़िर कै.फ़े', सत्य व्यास की 'दिल्ली दरबार' और 'बनारस टाकीज़', पंकज दुबे की 'लूज़र कहीं का', ललित कुमार की 'विटामिन ज़िंदगी', अनुराधा बेनीवाल की 'आज़ादी मेरा ब्राण्ड', नवीन चौधरी की 'जनता स्टोर', शशांक भारतीय की 'देहाती लड़के' और गौरव सोलंकी की 'ग्यारहवीं ए के लड़के' जैसी किताबें शामिल हैं। इस तरह के नये क़िस्म के साहित्य के भीतर इंग्लिश के लोकप्रिय लेखकों; चेतन भगत, अमीश त्रिपाठी, अश्विन सांघी, आनंद नीलकंठन, क्रिस्टोफ़र सी डॉयल की लोकप्रिय किताबों के हिंदी अनुवाद भी शामिल किए जा सकते हैं।

किताबों के अलावा कुछ अच्छी पत्रिकाएँ भी हैं, जो शौक़िया तौर पर पढ़ी जा सकती हैं।

न्यूज़ मैगज़ीन में 'इंडिया टुडे' और 'आउटलुक', सामान्य रुचि की पत्रिकाओं में- हिंदुस्तान टाइम्स समूह की पत्रिका 'कादम्बिनी' और दैनिक भास्कर समूह की 'अहा! ज़िंदगी' और साहित्यिक पत्रिकाओं में 'नया ज्ञानोदय', 'आजकल', 'पाखी' आदि भी कुछ ऐसी ही पत्रिकाएँ हैं।

समय-समय पर बुक कल्चर को बढ़ावा देने के लिए पुस्तक मेले और लिटरेचर फ़ेस्टिवल जैसे आयोजन आजकल काफ़ी होने लगे हैं। इनमें टहलकर किताबों की दुनिया की ताज़गी महसूस की जा सकती है और समकालीन साहित्यिक और सूचनाप्रद व ज्ञानवर्धक किताबों व पत्रिकाओं

से रू-ब-रू हुआ जा सकता है।

कुल मिलाकर बात इतनी-सी है कि रीडिंग हैबिट या पढ़ने का शौक़ आपकी सोच और समझ को विस्तृत और व्यापक बनाता है, आपको बेहतर एक्सपोज़र देता है और भाषा पर आपका अधिकार मज़बूत तो करता ही है।

ऊपर जो कुछ मैंने लिखा है, उससे घबराएँ नहीं। ऊपर लिखी किसी भी किताब को पढ़ना यूपीएससी की परीक्षा या किसी अन्य परीक्षा को क्वॉलीफ़ाई करने के लिए क़तई अनिवार्य नहीं है। इनमें से आप अपनी रुचि और पसंद के मुताबिक़ किताबें चुनकर अपनी एक ज़िंदगी भर चलने वाली शानदार हॉबी विकसित कर सकते हैं, और कदाचित यह भी संभव है कि आपकी परीक्षा के किसी चरण में इस पढ़ाई के शौक़ का कोई प्रत्यक्ष-अप्रत्यक्ष लाभ मिल जाए।

तो अब ख़ुद से और अपने दोस्तों से गपशप करते हुए पूछ ही लीजिए- "क्या पढ़ रहे हैं आजकल?"

सतह पर ही न रहें, मर्म भी समझें

किसी नगर में चार ब्राह्मण रहते थे। उनमें खासा मेल-जोल था। बचपन में ही उनके मन में आया कि कहीं चलकर पढ़ाई की जाए।

अगले दिन वे पढ़ने के लिए कन्नौज नगर चले गए। वहाँ जाकर वे किसी पाठशाला में पढ़ने लगे। बारह वर्ष तक मन लगाकर पढ़ने के बाद वे सभी अच्छे विद्वान हो गए।

अब उन्होंने सोचा कि हमें जितना पढ़ना था पढ़ लिया। अब अपने गुरु की आज्ञा लेकर हमें वापस अपने नगर लौटना चाहिए। यह निर्णय करने के बाद वे गुरु के पास गए और आज्ञा मिल जाने के बाद अपनी किताबें-पोथियाँ संभाले अपने नगर की ओर रवाना हुए।

अभी वे कुछ ही दूर गए थे कि रास्ते में एक तिराहा पड़ा। उनकी समझ में यह नहीं आ रहा था कि आगे के रास्तों में से कौन-सा उनके अपने नगर को जाता है। अक़्ल कुछ काम न दे रही थी। वे यह निर्णय करने बैठ गए

कि किस रास्ते से चलना ठीक होगा। अब उनमें से एक पोथी उलटकर यह देखने लगा कि इसके बारे में इस पोथी में क्या लिखा है।

संयोग कुछ ऐसा था कि उसी समय पास के नगर में एक बनिया मर गया था। उसे जलाने के लिए बहुत से लोग नदी की ओर जा रहे थे। इसी समय उन चारों में से एक ने पोथी में अपने प्रश्न का जवाब भी पा लिया। कौन-सा रास्ता ठीक है कौन-सा नहीं, इसके विषय में उसमें लिखा था, *महाजनो येन गतः स पंथाः।*

किसी ने इस बात पर ध्यान नहीं दिया कि यहाँ 'महाजन' का अर्थ क्या है और किस मार्ग की बात की गई है। श्रेणी या कारवाँ बनाकर निकलने के कारण व्यापारी-वर्ग के लिए 'महाजन' शब्द का प्रयोग तो होता ही है, पर महान व्यक्तियों के लिए भी इस शब्द का प्रयोग होता है, यह उन्होंने सोचने की चिंता नहीं की। उस पंडित ने कहा, "महाजन लोग जिस रास्ते जा रहे हैं उसी पर चलें!" और वे चारों श्मशान की ओर जाने वालों के साथ चल दिए।

श्मशान पहुँचकर उन्होंने वहाँ एक गधे को देखा। एकांत में रहकर पढ़ने के कारण उन्होंने इससे पहले कोई जानवर भी नहीं देखा था। एक ने पूछा, "भई, यह कौन-सा जीव है?"

अब दूसरे पंडित की पोथी देखने की बारी थी। पोथे में इसका भी समाधान था। उसमें लिखा था-

उत्सवे व्यसने प्राप्ते दुर्भिक्षे शत्रुसंकटे।
राजद्वारे श्मशाने च यः तिष्ठति सः बान्धवः।

बात सही भी थी, बंधु तो वही है जो सुख में, दुख में, दुर्भिक्ष में, शत्रुओं का सामना करने में, न्यायालय में और श्मशान में साथ दे।

उसने यह श्लोक पढ़ा और कहा, "यह हमारा बंधु है।" अब इन चारों में से कोई तो उसे गले लगाने लगा, कोई उसके पाँव पखारने लगा।

अभी वे यह सब कर ही रहे थे कि उनकी नज़र एक ऊँट पर पड़ी। उनके अचरज का ठिकाना न रहा। वे यह नहीं समझ पा रहे थे कि इतनी तेज़ी से चलने वाला यह जानवर है क्या बला!

इस बार पोथी तीसरे को उलटनी पड़ी और पोथी में लिखा था, *धर्मस्य त्वरिता गतिः।*

धर्म की गति तेज़ होती है। अब उन्हें यह तय करने में क्या रुकावट हो सकती थी कि धर्म इसी को कहते हैं। पर तभी चौथे को सूझ गया एक रटा हुआ वाक्य, *इष्टं धर्मेण योजयेत्* यानी प्रिय को धर्म से जोड़ना चाहिए।

अब क्या था। उन चारों ने मिलकर उस गधे को ऊँट के गले से बाँध दिया।

अब यह बात किसी ने जाकर उस गधे के मालिक धोबी से कह दी। धोबी हाथ में डंडा लिए दौड़ा हुआ आया। उसे देखते ही वे वहाँ से चंपत हो गए।

वे भागते हुए कुछ ही दूर गए होंगे कि रास्ते में एक नदी पड़ गई। सवाल था कि नदी को पार कैसे किया जाए। अभी वे सोच-विचार कर ही रहे थे कि नदी में बहकर आता हुआ पलाश का एक पत्ता दिख गया। संयोग से पत्ते को देखकर पत्ते के बारे में जो कुछ पढ़ा हुआ था वह उनमें से एक को याद आ गया। *आगमिष्यति यत्पत्रं तत्पारं तारयिष्यति।* यानी आने वाला पत्र ही पार उतारेगा।

अब किताब की बात ग़लत तो हो नहीं सकती थी। एक ने आव देखा न ताव, कूदकर उसी पर सवार हो गया। तैरना उसे आता नहीं था। वह डूबने लगा तो एक ने उसको चोटी से पकड़ लिया। उसे चोटी से उठाना कठिन लग रहा था। यह भी अनुमान हो गया था कि अब इसे बचाया नहीं जा सकता। ठीक इसी समय एक दूसरे को किताब में पढ़ी एक बात याद आ गई कि यदि सब कुछ हाथ से जा रहा हो तो समझदार लोग कुछ गँवाकर भी बाक़ी को बचा लेते हैं। सब कुछ चला गया तब तो अनर्थ हो जाएगा।

यह सोचकर उसने उस डूबते हुए साथी का सिर काट लिया।

अब वे तीन रह गए। जैसे-तैसे बेचारे एक गाँव में पहुँचे। गाँववालों को पता चला कि ये ब्राह्मण हैं तो तीनों को तीन गृहस्थों ने भोजन के लिए न्योता दिया। एक जिस घर में गया उसमें उसे खाने के लिए सेवईं दी गई। उसके लंबे लच्छों को देखकर उसे याद आ गया कि दीर्घसूत्री नष्ट हो जाता है, *दीर्घसूत्री विनश्यति।* मतलब तो था कि दीर्घसूत्री या आलसी आदमी

नष्ट हो जाता है पर उसने इसका सीधा अर्थ लंबे लच्छे और सेवईं समझकर सोच लिया कि यदि उसने इसे खा लिया, तो वह नष्ट हो जाएगा। वह खाना छोड़कर चला आया।

दूसरा जिस घर में गया था वहाँ उसे रोटी खाने को दी गई। पोथी फिर आड़े आ गई। उसे याद आया कि अधिक फैली हुई चीज़ की उम्र कम होती है, *अतिविस्तार विस्तीर्णं तद् भवेत् न चिरायुषम्।* वह रोटी खा लेता तो उसकी उम्र घट जाने का ख़तरा था। वह भी भूखा ही उठ गया।

तीसरे को खाने के लिए 'बड़ा' दिया गया। उसमें बीच में छेद तो होता ही है। उसका ज्ञान भी कूदकर उसके और बड़े के बीच में आ गया। उसे याद आया, *छिद्रेष्वनर्था बहुली भवन्ति।* छेद के नाम पर उसे बड़े का ही छेद दिखाई दे रहा था। छेद का अर्थ भेद का खुलना भी होता है, यह उसे मालूम ही नहीं था। वह बड़े खा लेता तो उसके साथ भी अनर्थ हो जाता। बेचारा वह भी भूखा रह गया।

लोग उनके ज्ञान पर हँस रहे थे पर उन्हें लग रहा था कि वे उनकी प्रशंसा कर रहे हैं। अब वे तीनों भूखे-प्यासे ही अपने-अपने नगर की ओर रवाना हुए।

यह कहानी सुनाने के बाद स्वर्णसिद्धि ने कहा, ''तुम भी दुनियादार न होने के कारण ही इस आफ़त में पड़े। इसीलिए मैं कह रहा था शास्त्रज्ञ होने पर भी मूर्ख मूर्खता करने से बाज़ नहीं आते।''

पंचतंत्र की यह रोचक कहानी स्वयं में बहुत से निहितार्थ समेटे हुए है। पढ़े-लिखे होकर भी लकीर के फ़क़ीर बने रहने वाले इन चार विद्यार्थियों की यह कहानी थोड़ी अतिशयोक्तिपूर्ण ज़रूर लगती है, पर यह प्रत्यक्ष-अप्रत्यक्ष तौर पर हमें ज़िंदगी और साथ ही परीक्षा और ज़िंदगी; दोनों की तैयारी के लिए दिशा देने का काम भी करती है। आइए, चर्चा करें-

आपने अँग्रेज़ी का एक मुहावरा सुना होगा, 'Reading between the lines.' साथ ही एक और मुहावरा है, 'in black and white.' पहले मुहावरे का अर्थ है, जो स्पष्ट तौर पर लिखा हुआ नहीं दिख रहा है, उसके वास्तविक अर्थ या मर्म (essence) को समझना। दूसरे मुहावरे का अर्थ है, सब कुछ एकदम स्पष्ट होना और कोई कंफ़्यूज़न न होना।

'reading between the lines' की प्रासंगिकता आजकल के दौर में इसलिए ज़्यादा है क्योंकि अब सब कुछ in black and white उपलब्ध नहीं होता। कहने का मतलब यह है कि किसी भी कथन या अध्ययन सामग्री का शाब्दिक (literal) अर्थ पकड़कर लकीर के फ़क़ीर बनने के बजाय उसका निहित अर्थ या वास्तविक मर्म/अभिप्राय समझना ही आज की माँग है।

संघ लोक सेवा आयोग/राज्य लोक सेवा आयोगों और अन्य लगभग सभी परीक्षाओं के नये पैटर्न में आप यह बदलाव महसूस करेंगे कि अब लकीर के फ़क़ीर बने रहकर या चीज़ों को केवल कंठस्थ करके सफलता पाना संभव नहीं है, जब तक उनके अर्थ या मर्म को हृदयंगम न कर लिया जाए। चाहे किसी अकादमिक विषय की अवधारणाएँ हों या करेंट अफ़ेयर्स का आधारभूत सामान्य अध्ययन से संबंध; निबंध के लिए सामान्य समझ हो या एथिक्स में एक संतुलित दृष्टिकोण; इन सबके लिए ही पाठ्यक्रम के मर्म और अपेक्षा को समझते हुए अपनी समझ का विस्तार करना ज़रूरी है।

आइए, समझने की कोशिश करें कि किन आसान तरीक़ों की मदद से हम सतही ज्ञान से गहन और मार्मिक ज्ञान की ओर बढ़कर सफलता की संभावनाओं को बढ़ा सकते हैं:-

–जब भी कोई नया विषय या टॉपिक पढ़ें, तो सबसे पहले उसे तसल्ली से सरसरी तौर पर बिना किसी दबाव के, पढ़ लें।

–इस दौरान कोशिश करें कि महत्वपूर्ण बिंदुओं या अंशों को रेखांकित (underline) या हाइलाइट करते चलें। ध्यान रहे, बहुत ज़्यादा हिस्सा रेखांकित न हो।

–जब आपका किसी नये पारिभाषिक शब्द (terminology) या नई अवधारणा (concept) से परिचय हो तो उसको अलग से नोट करके उसका अर्थ समझने की कोशिश करें। इसके लिए किसी कोश या विकिपीडिया/इंटरनेट का भी सहारा ले सकते हैं। यदि ज़रूरत महसूस हो तो किसी संदर्भ ग्रंथ (reference book) की भी मदद ले सकते हैं।

–पढ़ना एक बात है और उसे समझना व उस पर मनन करना दूसरी। अधिगम (learning) की प्रक्रिया, पढ़ने के साथ-साथ रिवीज़न, चिंतन-मनन और श्रवण (listening) और चर्चा (discussion) से होकर पूर्ण

होती है। अतः सतही ज्ञान से आगे बढ़ने के लिए पढ़ाई के इन आवश्यक घटकों का भी भरपूर इस्तेमाल करें।

–उपनिषद में कहा गया है कि *'वाद-विवाद-संवाद से तत्वबोध होता है'*, लिहाज़ा चर्चा के लिए हमेशा सहज रहें।

–दूसरों के विचारों का सम्मान करना सीखें। हमेशा सीखने को तैयार रहें और चारों ओर से बेहतर विचारों को अपनी ओर आने दें।

–परीक्षा की तैयारी के दौरान सामान्य अध्ययन के विभिन्न खंडों (segments) को बिलकुल अलग-अलग मानकर न देखें। इन्हें परस्पर कनेक्ट करके समझें। ये विभिन्न खंड आपस में जुड़े होते हैं और एक क्षेत्र में हुए बदलाव का असर दूसरे क्षेत्र पर भी पड़ता है।

–अध्ययन सामग्री को व्यवस्थित करना भी ज़रूरी है। एक टॉपिक के लिए बहुत सारे स्रोतों को पढ़ने की ज़रूरत नहीं है। स्रोतों में आवश्यकतानुसार विविधता रखें और जो भी टॉपिक जहाँ से भी पढ़ें, उसे कहीं डायरी में नोट भी कर लें।

–सतही ज्ञान आपको बहुत आगे तक नहीं ले जा सकता। आपके उत्तर पढ़कर आपके ज्ञान और समझ के स्तर का अंदाज़ा लगाया जा सकता है। अतः अपने उत्तरों को अधिक परिपक्व (mature) बनाने के लिए सतही ज्ञान से आगे बढ़ें और मर्म तक पहुँचने की कोशिश करें।

तकनीक से करें दोस्ती

एक ज़माना था, जब अस्सी के दशक में भारत में टेलीविज़न आया, तो खलबली-सी मच गई। लोगों के लिए इस बात पर भरोसा करना मुश्किल था कि एंटीना से सिग्नल पकड़कर कैसे टीवी स्क्रीन पर चित्रहार या चलचित्र दिख सकता है। यह अविश्वास केवल तकनीक पर ही नहीं था, बल्कि अविश्वास और आशंकाएँ इस नई तकनीक यानी टीवी के समाज और विशेषकर युवाओं पर दुष्प्रभाव को लेकर भी थीं।

कई लोगों को लगता था कि आने वाली पीढ़ी इस 'बुद्धू बक्से' के आकर्षण में फँसकर बर्बाद हो जाएगी। यही क़िस्सा वर्ष 2000 के बाद के दौर में भारत में मोबाइल फ़ोन के बढ़ते प्रचलन को लेकर भी दोहराया गया। न जाने कितने लोगों को लगता था कि यह हाथ में आने वाला छोटा-सा यंत्र तो युवा पीढ़ी को बिगाड़ने में कोई कसर नहीं छोड़ेगा। हालाँकि आज भी ऐसा विचार रखने वाले लोगों की संख्या ठीक-ठाक है।

मोबाइल और इंटरनेट के प्रसार के साथ सूचना क्रांति और मनोरंजन के नये युग का सूत्रपात भी हुआ। हर सवाल का जवाब 'गूगल' बाबा एक

क्लिक पर बताने लगे। 'विकीपीडिया' पर ज्ञान-विज्ञान का अथाह भंडार उपलब्ध हुआ। मुख्यधारा के मीडिया के साथ-साथ तेज़ी से एक नये क़िस्म के मीडिया- 'सोशल मीडिया' का भी प्रचलन तेज़ी से बढ़ा, जहाँ अपनी बात साझा करने के लिए संपादक जी से अनुरोध करने की भी आवश्यकता नहीं है। समाज के वंचित वर्गों और युवाओं को भी खुलकर अपनी बात रखने का खुला मंच मिला और वाद-विवाद-संवाद के नये अवसर सामने आने लगे। निस्संदेह इस सबसे अभिव्यक्ति की स्वतंत्रता और पारदर्शिता की संस्कृति को भी ख़ूब बढ़ावा मिला।

टीवी से लेकर मोबाइल, इंटरनेट और सोशल मीडिया तक, संचार और सूचना क्रांति का लंबा सफ़र तय कर चुके इस युग में क्या हममें से कोई विज्ञान और तकनीक के इन उपहारों के बग़ैर अपनी रोज़मर्रा की ज़िंदगी बिताने की कल्पना भी कर सकता है? वही रूढ़िवादी क़िस्म के लोग, जो अपने-अपने युग में नई तकनीक के प्रभाव को लेकर आशंकित महसूस करते थे, क्या वही बाद में उस तकनीक के बड़े उपयोगकर्ता नहीं बने? इसमें कोई संदेह नहीं है कि आज हम तकनीक के साधनों के बग़ैर एक दिन भी बिताने की कल्पना नहीं कर सकते।

जब हम रोज़मर्रा के जीवन और सुख-सुविधाओं के उपभोग में विज्ञान और तकनीक के साधनों का जमकर उपयोग करते हैं, तो ज्ञानार्जन में तकनीक के उपयोग को लेकर झिझक कैसी। यदि युवाओं द्वारा सिविल सेवा परीक्षा और अन्य प्रतियोगी परीक्षाओं की तैयारी के संदर्भ में बात करें, तो अपने नॉलेज और लर्निंग के विस्तार और एक्सपोज़र के लिए तकनीक का महत्व और भी अधिक पढ़ जाता है।

डार्विन के 'योग्यतम की उत्तरजीविता' (Survival of the fittest) के सिद्धांत की तर्ज़ पर हमें समझना होगा कि *तेज़ी से बदलती तकनीक के इस दौर में तकनीक से क़दम मिलाकर चलना वक़्त की माँग है।* किसी शायर ने लिखा भी है,

इस मशीनी दौर में रफ़्तार ही पहचान है,
धीरे-धीरे जो चलोगे, गुमशुदा हो जाओगे।

यदि सिविल सेवा परीक्षा के विशेष संदर्भ में बात करें, तो हमें समझना होगा इस परीक्षा की प्रकृति डायनमिक और व्यापक है। इस परीक्षा की तैयारी के विभिन्न पक्षों को कवर करने के लिए विभिन्न प्रासंगिक स्रोतों को फ़ॉलो करना अपरिहार्य हो जाता है। इनमें किताबों और अख़बार-पत्रिका के अलावा टीवी, इंटरनेट पर उपयोगी वेबसाइटों, यूट्यूब वीडियो आदि का विवेकपूर्ण उपयोग भी शामिल है। आज भारत सरकार की अनेक वेबसाइटें और ढेरों अन्य निजी वेबसाइटें परीक्षा की तैयारी के लिए भरपूर प्रासंगिक और प्रामाणिक सामग्री उपलब्ध करा रही हैं। बस शर्त यह है कि जो भी वेबसाइट फ़ॉलो करें, उसकी साख और प्रतिष्ठा भी जाँच लें।

हालाँकि तकनीक की आँधी के इस दौर में उसके विवेकपूर्ण ढंग से उपयोग से उसे संभालना भी उतना ही ज़रूरी है। तकनीक आप का कल सँवार भी सकती है और आपके हाथ जला भी सकती है।

दिनकर ने लिखा भी है-

सावधान मनुष्य यदि विज्ञान है तलवार,
तो इसे दे फेंक तजकर मोह स्मृति के पार,
खेल सकता तू नहीं, ले हाथ में तलवार,
काट लेगा अंग, है तीखी बड़ी यह धार।

यह भी समझना ज़रूरी है कि तकनीक का अविवेकपूर्ण और अत्यधिक उपयोग घातक भी हो सकता है। सोशल मीडिया का ही उदाहरण लें। एक ओर सोशल मीडिया ने संवाद की संस्कृति को बढ़ावा दिया है, वहीं दूसरी ओर इसकी लत आज के युग की बड़ी मनोवैज्ञानिक समस्या बनकर उभरी है। हमें चैटिंग या सर्फ़िंग करते वक़्त ये अंदाज़ा ही नहीं रहता कि दिन में कितने घंटे हमने कम्प्यूटर या मोबाइल पर आँखें गड़ाए बिता दिए। फ़ेसबुक और व्हॉट्सएप के अतिशय उपयोग की लत ने ढेरों युवाओं को तनाव और अवसाद की ओर धकेला है।

लिहाज़ा तकनीक के इस्तेमाल को लेकर व्यर्थ ही आशंकित रहने वालों को यह समझना होगा कि तकनीक से दोस्ती करके ही हम नये दौर की रफ़्तार से समांजस्य बैठाकर सर्वाइव कर सकते हैं। पर यह भी ध्यान रहे

कि तकनीक की आँधी में बहकर तकनीक का अंधाधुंध उपयोग भी कोई लाभ देने वाला नहीं है। तकनीक पर अत्यधिक निर्भरता एक लत का रूप लेकर नये क़िस्म की समस्याओं को जन्म दे सकती है।

पऱफेक्शन को कहें 'ना'

भारतीय संविधान में अनुच्छेद 51 (क) में उल्लिखित मूल कर्तव्यों में से एक कर्तव्य है-

'व्यक्तिगत और सामूहिक गतिविधियों के सभी क्षेत्रों में उत्कर्ष की ओर बढ़ने का सतत प्रयास करना, जिससे राष्ट्र निरंतर बढ़ते हुए प्रयत्न और उपलब्धि की नई ऊँचाइयों को छू ले।'

यानी इसमें कोई भी संदेह नहीं है कि प्रत्येक व्यक्ति को अपने निजी और सार्वजनिक जीवन में बेहतरी की ओर बढ़ने का प्रयास करते रहना चाहिए और जीवन में उत्कृष्टता की उपलब्धि करने में कोई कसर नहीं छोड़नी चाहिए।

हम अपने आस-पास के माहौल में यह भी निरंतर देखते हैं कि प्रत्येक व्यक्ति यथासंभव कुछ-न-कुछ प्रयास करके ऊँचाई को छूने की कोशिश करता ही है। एक किसान चाहता है कि अगली बार वह बेहतर पद्धतियों और संसाधनों का प्रयोग कर पहले से ज़्यादा और गुणवत्तापूर्ण फ़सल उगा सके। व्यापारी चाहता है कि उसके ग्राहक बढ़ते जाएँ और बैलेंस शीट

शिखर को छू जाए। नौकरीपेशा कर्मचारी का ख़्वाब है कि उसका लंबित प्रमोशन जल्दी-से-जल्दी हो और उसके वेतन ग्रेड में आशातीत बढ़ोतरी हो जाए। इसी तरह किसी भी परीक्षार्थी का इस दिशा में भरपूर प्रयास है कि वह परीक्षा में सफलता के लिए वांछित सभी चरणों में उत्कृष्ट प्रदर्शन कर अपने सपनों को साकार कर ले।

बेहतरी की चाहत स्वाभाविक है और बेहतरी की यह चाहत जीवन को सार्थकता की ओर ले जाने में सहायक होती है। अँग्रेज़ी के कवि R.W. Emerson ने इसीलिए युवाओं के विषय में लिखा भी है-

Brave men who work while others sleep,
Who dare while others fly,
They build a nation's pillars deep,
And lift them to the sky.

पर कभी-कभी आगे बढ़ने और लक्ष्य प्राप्त करने का यह एक जुनून या फिर उससे भी ज़्यादा एक फ़ितूर का रूप लेने लगता है। कुछ परीक्षार्थियों को ऐसा लगने लगता है कि यदि उन्हें यूपीएससी की इस प्रतिष्ठित और सर्वोच्च मानी जाने वाली परीक्षा में पास होना है तो उन्हें हर काम परफ़ेक्शन के साथ करना होगा। इसी धुन में वे 'परफ़ेक्शनिस्ट' या 'अतिमानव' बनने की कोशिश करने लगते हैं। वे यह भूल जाते हैं कि 'परफ़ेक्ट' जैसा कुछ भी नहीं होता और न ही सफलता के लिए आपको परफ़ेक्ट बनने की दरकार है।

परफ़ेक्शनिस्ट बनने की ज़िद ख़ुद से एक ज़्यादती है क्योंकि कोई भी चीज़ या कोई भी व्यक्ति स्वयं में पूर्ण या परफ़ेक्ट नहीं होता। एक कहावत भी है-

There is no perfect way,
There are many good ways.

हममें से कोई भी अतिमानव या 'सुपरमैन' नहीं है और न ही ऐसा बनना वांछनीय है। ज़रूरत है तो सकारात्मक सोच के साथ, व्यापक व

संतुलित नज़रिया अपनाकर सही दिशा में निरंतर प्रयास करते जाने की, ताकि जिस लक्ष्य की चाह है, वह हासिल हो सके।

परफ़ेक्शन के इसी जुनून के चक्कर में कुछ अभ्यर्थी बहुत महत्वाकांक्षी और ग़ैर-व्यावहारिक योजनाएँ बनाते हैं। ये हवाई प्लान ज़मीन से कोसों दूर होने के कारण वास्तविकता में परिणत न तो होने थे और न ही हो पाते हैं। आपने अपने आस-पास ऐसे अभ्यर्थी ज़रूर देखे होंगे, जो प्लानिंग बहुत बड़ी-बड़ी करते हैं, पर लागू करने में बहुत पीछे रह जाते हैं।

कभी-कभी परीक्षा की तैयारी के दौरान हम परफ़ेक्ट बनना चाहते हैं और हर चीज़ को बेस्ट तरीक़े से करना चाहते हैं। जैसे-हमारा स्टडी मैटेरियल, कोचिंग, टेस्ट सिरीज़, रिवीज़न, नोट्स, दिनचर्या सभी कुछ सर्वश्रेष्ठ होना चाहिए, तभी हमारी बेस्ट रैंक आएगी और हम टॉपर बनेंगे।

इस तरह अतिशय भावुकता में हम बड़ी-बड़ी योजनाएँ और आदर्श दिनचर्या का शेड्यूल तो बना लेते हैं, पर जब उनके क्रियान्वयन की बारी आती है तो शुरुआती उत्साह धीरे-धीरे ढीला पड़ने लगता है और हम अपने लक्ष्यों से पीछे होते जाते हैं, जिससे लक्ष्य लंबित होने लगते हैं और एक के बाद एक बैकलॉग बढ़ता जाता है।

इस बैकलॉग का स्वाभाविक परिणाम धीरे-धीरे खीझ, कुंठा और तनाव के रूप में सामने आता है और हम नाहक़ ही परेशान और व्यग्र रहने लगते हैं। इस स्ट्रेस और व्यग्रता का असर हमारी पढ़ाई और तैयारी पर स्वाभाविक तौर पर पड़ता ही है और आदर्शवादी लक्ष्य पाना तो दूर, हम सामान्य से लक्ष्यों को पाने में ही ख़ुद को अक्षम पाने लगते हैं।

लाख टके का सवाल यह है कि अनावश्यक रूप से उपजी इस मुसीबत और नकारात्मकता से छुटकारा पाने के लिए हम पहले से ही क्या करें, क्या न करें और कैसे करें?

इस स्थिति से बचने के लिए बेहतर समाधान यह हो सकता है कि जब भी हम योजनाएँ या स्टडी प्लान बनाएँ तो उसमें अपनी क्षमता, सामयिक परिस्थितियाँ, अपने उद्देश्यों, अपनी महत्वाकांक्षा का स्तर और उपलब्ध समय आदि को ध्यान में रखते हुए प्लानिंग करें। यह प्लानिंग व्यावहारिकता और वास्तविकता के धरातल पर रहकर बनाएँ, न कि ख़ुद को 'सुपरमैन'

समझकर। हर विद्यार्थी की क्षमताएँ और अध्ययन व अभ्यास का स्तर व कौशल भिन्न-भिन्न होते हैं। प्रत्येक व्यक्ति स्वयं में विशिष्ट होता है। किसी भी सफल व्यक्ति या टॉपर को ज्यों-का-त्यों कॉपी करने के चक्कर में अपने लिए अव्यावहारिक और कुछ हद तक 'असंभव' योजनाएँ बनाना कहाँ की समझदारी है!

किसी सफल व्यक्ति से प्रेरणा लेना या उससे मार्गदर्शन लेना अच्छी बात है, पर अपने व्यक्तित्व और तैयारी के स्तर को अनदेखा करके 'परफ़ेक्शन' के पीछे भागना आपके लक्ष्यों को वास्तविकता से दूर ले जा सकता है। परीक्षा की तैयारी के दौरान कभी-कभी एक और उलझन होती है। हम हर महीने नये टॉपर का इंटरव्यू पढ़ते हैं और हर टॉपर से प्रभावित होते हैं। यह स्वाभाविक है और उससे प्रेरणा और मोटिवेशन लेने में कोई समस्या भी नहीं है। पर कभी-कभी हम किसी व्यक्ति या टॉपर को परफ़ेक्ट समझने के चक्कर में हम आँख बंद करके उसका अनुकरण करने लगते हैं। मेरा यही आग्रह है कि 'प्रेरणा लें, पर अंधानुकरण न करें'।

यहाँ यह भी समझना ज़रूरी है कि टॉपरों और अभ्यर्थियों में कोई बहुत ज़्यादा फ़र्क़ नहीं होता। ज़्यादातर टॉपर सफलता के बाद ख़ुद स्वीकारते हैं कि उन्हें इस बात का अंदाज़ा नहीं था कि वे ऐसा असाधारण प्रदर्शन करेंगे। कोई भी समझदार अभ्यर्थी सही तरीक़े से परिश्रम और पुरुषार्थ के द्वारा टॉपर बन सकता है।

पर टॉपरों के इंटरव्यू पढ़कर कई अभ्यर्थी यह सोचकर कनफ़्यूज़ हो जाते हैं कि कौन-सी रणनीति सर्वश्रेष्ठ है? कारण यह है कि हर टॉपर की पृष्ठभूमि, व्यक्तित्व और रणनीति अलग-अलग होती है। उदाहरण के तौर पर, किसी टॉपर ने किसी जॉब के साथ तैयारी की थी, किसी ने पढ़ाई करते-करते तैयारी की, तो कोई सब कुछ छोड़कर समर्पित रूप से तैयारी करके सफल हुआ। अब यदि हम सभी टॉपरों का एक साथ अनुकरण करने लगेंगे तो ऊहापोह होना तय है।

मैं आपसे यही कहूँगा कि आपके लिए वही रणनीति श्रेष्ठ है जो आपके व्यक्तित्व और अध्ययन-अनुभव-तैयारी के स्तर के अनुकूल हो। बस इतना-सा करना है कि एक बेहतर और व्यावहारिक रणनीति बनाकर

उसका क्रियान्वयन करें और सुधार की कोशिश हमेशा जारी रखें। छोटे-छोटे व्यावहारिक लक्ष्य बनाएँ और उन्हें धीरे-धीरे पूरा करते जाएँ और तनावमुक्त रहें।

जब हम 'परफ़ेक्शन' पर बात कर ही रहे हैं तो हमें यह भी समझ लेना चाहिए कि हम भले ही काल्पनिक *'परफ़ेक्शन' से दूर रहें, पर अपना 'बेस्ट' देने में भी कोई कसर न छोड़ें।* अगर आप अपने लक्ष्य को लेकर गंभीर हैं तो आप अपनी पूरी क्षमता और पूरे मनोयोग से तैयारी करें और अपना 'सर्वश्रेष्ठ' दें ताकि आप अपना 'सर्वश्रेष्ठ' प्रदर्शन कर वांछित परिणाम हासिल कर सकें। ये और बात है कि परिणाम आपके पक्ष में आए या नहीं पर कम-से-कम यह तसल्ली तो रहेगी कि मैंने अपना बेस्ट किया और अपनी कोशिशों में कोई कसर नहीं छोड़ी। यदि आपने पूरे मन और विश्वास से पुरुषार्थ करते हैं, तो आपकी सफलता कि संभावनाएँ कई गुना बढ़ जाती हैं।

जब आप अपनी यात्रा को मस्ती के साथ जीना शुरू कर देंगे तो आपको महसूस होगा कि कभी-कभी 'सफ़र मंज़िल से भी ज़्यादा ख़ूबसूरत होता है।'

किसी शायर ने लिखा भी है-

मंज़िल मिले या नहीं मुझे उसका ग़म नहीं,
मंज़िल की जुस्तजू में मेरा कारवाँ तो है।

अत: *'चरैवेति-चरैवेति'* का मंत्र अपनाएँ और *'यूँ ही चला चल राही'* की तर्ज़ पर अपना 'बेस्ट' देते हुए अपने सपनों की राह पर सही दिशा में पूरी हिम्मत के साथ बढ़ते जाएँ।

जीवन के तीन मार्गदर्शक

जीवन के प्रत्येक क्षेत्र में सफलता की ऊँचाइयाँ छूने के लिए भारतीय दर्शन के तीन मार्गदर्शक सिद्धांत (Three Guiding Principles) मुझे विशेष तौर पर आकर्षित करते हैं और मेरी सफलता में इन तीनों सिद्धांतों का बेहद महत्त्वपूर्ण योगदान है।

इनमें पहला सिद्धांत है—गीता का '**निष्काम कर्मयोग**'। 'गीता' में कहा गया है—

कर्मण्येवाधिकारस्ते मा फलेषु कदाचन
मा कर्मफलहेतुर्भूः मा ते संगोत्स्व कर्मणि।

सामान्य भाषा में इस 'निष्काम कर्मयोग' के सिद्धांत को इस रूप में समझा और बताया जाता है, 'कर्म करते रहो, फल की इच्छा मत करो।' इस सिद्धांत का शाब्दिक अर्थ ही ग्रहण करने पर अक्सर यह सवाल उठता है कि जब फल की इच्छा ही नहीं है तो कर्म करने के लिए मोटिवेशन कहाँ से लाएँ।

जहाँ तक मैं इस शानदार सिद्धांत को समझ पाया हूँ, 'निष्काम कर्मयोग' फल की इच्छा रखने पर प्रतिबंध नहीं लगाता, बल्कि यह तो फल की प्राप्ति के लिए बिना आसक्त हुए कर्म में लगे रहने की प्रेरणा देता है। धर्मवीर भारती ने 'अंधा युग' में 'निष्काम कर्मयोग' की शक्ति को इस प्रकार व्यक्त किया है—

जब कोई भी मनुष्य
अनासक्त होकर चुनौती देता है इतिहास को,
उस दिन नक्षत्रों की दिशा बदल जाती है।
नियति नहीं है पूर्व निर्धारित
उसको हर क्षण मानव-निर्णय बनाता-मिटाता है।

नतीजे के बारे में ही सोचते रहने का यह भी दुष्प्रभाव होता है कि हम पढ़ाई या नौकरी में हर रोज़ जो कुछ नया सीखते हैं, उसे एंज्वॉय नहीं करते, उसका आनंद भी नहीं उठा पाते। लिहाज़ा, मंज़िल की ओर बढ़ने की प्रक्रिया में स्थिर व मज़बूत बने रहने के लिए व्यक्तित्व में 'निष्काम कर्मयोग' का समावेश ज़रूरी ही है।

मेरे लिए दूसरा मार्गदर्शक सिद्धांत है—जैन दर्शन का '**अनेकांतवाद**'। इस अनूठे सिद्धांत का अभिप्राय है कि 'सत्य को सभी लोग अपने अलग-अलग नज़रिये से देखते हैं, परंतु कोई भी नज़रिया न तो पूरी तरह सही है और न ही पूरी तरह ग़लत।' आपको एक हाथी और सात अंधों वाला उदाहरण याद है न? सड़क पर बैठे एक हाथी के शरीर के अलग-अलग अंगों को छूकर सात अंधे व्यक्ति हाथी को वैसा ही अलग-अलग समझने की भूल कर बैठते हैं, जैसे कोई उसकी पूँछ पकड़कर उसे झाड़ू समझता है तो कोई उसका कान छूकर उसे पंखा समझ बैठता है।

अनेकांतवाद सिखाता है कि सिर्फ़ अपने ही विचार को सही मानना और दूसरों के विचारों को सिरे से नकारना अपने-आप में ग़लत है। ऐसा करना आपको एक डिफ़िकल्ट पर्सन बनाता है।

आप एक डिफ़िकल्ट इंसान हैं या नहीं, इसे जाँचने के लिए यह टेस्ट आज़मा सकते हैं, जो मुझे सोशल मीडिया पर कहीं पढ़ने को मिला-

एक डिफ़िकल्ट पर्सन कौन होता है?

1. अगर आपको लगता है कि हर कोई ग़लत है और आप हमेशा सही हैं। तो आप अपने आप को एक डिफ़िकल्ट पर्सन बना रहे हैं।

2. जब आपके पास हर अच्छे व्यक्ति या वस्तु के बारे में कहने को कुछ ग़लत हो, तो आप सिर्फ़ एक डिफ़िकल्ट पर्सन हो सकते हैं।

3. अगर धीरे-धीरे आपको ख़ुश करना मुश्किल काम होता जा रहा है। तो सावधान, आप एक डिफ़िकल्ट पर्सन बनते जा रहे हैं।

4. जब आप हर चीज़ के बारे में तर्क-वितर्क करने लगते हैं, वो भी तब, जब उसकी कोई आवश्यकता नहीं होती है। सावधान हो जाएँ, आप एक डिफ़िकल्ट पर्सन बनने लगे हैं।

5. दूसरे क्या कर रहे हैं, क्यों कर रहे हैं, इसका कारण क्या है... मुझे सब मालूम है... सोचकर एक माइंड रीडर के रूप में आप गर्व महसूस करने लगते हैं... क्या आप भगवान हैं? बेशक, आप नहीं हैं; आप सिर्फ़ एक डिफ़िकल्ट पर्सन हैं।

6. अगर आपसे अधिकतर लोग कटने लगे हैं। वे आपसे बात करने से कतराने लगे हैं... तो आप डिफ़िकल्ट पर्सन हैं।

7. यदि आपके पास सभी के लिए कुछ न कुछ सुधार की राय है, लेकिन स्वयं के लिए एक भी नहीं... तो आप एक डिफ़िकल्ट पर्सन हैं।

8. अगर आप कभी भी 'I am Sorry' नहीं कहते हैं; या यह कहने में दिक़्क़त महसूस करते हैं... तो आप एक डिफ़िकल्ट पर्सन हैं।

9. यदि आप दूसरों की छोटी-छोटी ग़लतियों को लंबे अरसे तक याद रखते हैं या माफ़ करने में अड़ियल रवैया रखते हैं... तो आप एक डिफ़िकल्ट पर्सन हैं।

10. यदि सुनी हुई हर बात दूसरों से बताए बिना आपको बैचैनी होती हैं तो आप एक डिफ़िकल्ट पर्सन हैं।

एक डिफ़िकल्ट पर्सन को बहुत सावधान रहना होगा; अन्यथा जीवन यात्रा के किसी पड़ाव में आप अचानक पाएँगे कि अरे आप तो अकेले ही चल रहे हैं।

अगर आपको सामाजिक प्राणी के रूप में सबके बीच समुदाय के साथ रहना है और एक ख़ुशहाल इंसान बनना है तो डिफ़िकल्ट पर्सन न बनें और अनेकांतवाद को जीवन में उतारने की कोशिश करें।

इस तरह अनेकांतवाद दूसरों के विचारों का सम्मान करना और स्वीकार्यता (acceptance) सिखाता है। इस तरह से हम पाते हैं कि 'स्वीकार करना' (Acceptance) दरअसल सभी समस्याओं के हल की कुंजी है। इसे इस तरह समझें:-

Acceptance:

When we don't accept an undesired event, it becomes Anger,

when we accept it, it becomes Tolerance.

When we don't accept uncertainty, it becomes Fear,

when we accept it, it becomes Adventure.

When we don't accept other's bad behaviour towards us, it becomes Hatred;

when we accept it, it becomes Forgiveness.

When we don't accept other's Success, it becomes Jealousy; when we accept it, it becomes Inspiration.

अनेकांतवाद का सिद्धांत परीक्षा में भी हर क़दम पर साथ निभाता है। लिखित परीक्षा और इंटरव्यू में तो अनेकांतवाद का विचार एक संजीवनी है। जब हम किसी प्रश्न का उत्तर लिखते या बताते समय अतिवादी (extermist) हुए बग़ैर, संतुलित तरीक़े से दूसरों के विचारों का सम्मान करते हैं तो उसका एक सकारात्मक प्रभाव पड़ना तय ही है। परीक्षा में सफलता के पहले भी और बाद भी दूसरों के विचारों और नज़रिये का सम्मान करना सहिष्णुता को बढ़ावा देता है और हर क्षेत्र में सफलता की राह को आसान बनाता है।

मेरा तीसरा प्रिय मार्गदर्शक सिद्धांत है—बौद्ध दर्शन का '**मध्यम मार्ग**'।

इसे 'Middle path' या 'golden mean' भी कहा जाता है। बुद्ध दोनों अतियों की उपेक्षा कर बीच का रास्ता निकालने की सलाह देते हैं। एक कहावत है—'Excess of everything is bad!' '*अति सर्वत्र वर्जयेत्*'। यानी अधिकता हर चीज़ की बुरी होती है।' मध्यम मार्ग हर तरह के झगड़ों-विवादों के सरल और मैत्रीपूर्ण समाधान की राह सुझाता है।

परीक्षा की तैयारी में भी मध्यम मार्ग, एकीकृत दृष्टिकोण (integrated approach) और संतुलित मत (balanced view) के निर्माण में मदद करता है। यदि हमारे व्यक्तित्व में संतुलन का तत्त्व शामिल हो तो जीवन के प्रत्येक क्षेत्र में सहजता के साथ सफलता की राह आसान हो जाती है। मध्यम मार्ग के सिद्धांत का प्रयोग परीक्षा की तैयारी में हर मोर्चे पर किया जा सकता है। जैसे—सहज और सरल भाषा का प्रयोग करना; न अधिक कठिन और न ही अधिक कामचलाऊ भाषा; शब्द सीमा का पालन करना; और न अधिक लंबा उत्तर न ही अधिक छोटा; इंटरव्यू में रेडिकल होने से बचना आदि। इस प्रकार जीवन के हर क्षेत्र में सफलता की संभावना बढ़ाने के लिए 'निष्काम कर्मयोग', 'अनेकांत' और 'मध्यम मार्ग' के सिद्धांतों का व्यक्तित्व में समावेश एक बेहतरीन रास्ता है। इन तीन गाइड्स को हमेशा अपने साथ रखिए और एक बेहतरीन ज़िंदगी की इबारत बेझिझक लिखिए।

क्यों अपनाएँ मध्यम मार्ग?

क्या कभी हमने यह भी सोचा है कि हम सिविल सेवा परीक्षा या अन्य प्रतियोगी परीक्षाओं में सम्मिलित क्यों होते हैं? क्यों हम दिन-रात एक कर, निरंतर कठिन परिश्रम कर परीक्षा में सफलता के लिए पूरा ज़ोर लगा देते हैं? क्यों हम चौतरफ़ा दबावों और तनावों के बीच तपकर इस कंटक पथ पर चलकर सब कुछ समर्पित कर देते हैं?

यद्यपि सबकी प्राथमिकताएँ और उद्देश्य अलग-अलग हो सकते हैं, पर अगर कभी फ़ुर्सत में ठंडे दिमाग़ से इस सवाल का जवाब सोचें, तो मोटे तौर पर कुछ बातें सामने आती हैं, जैसे-

-एक बेहतर और सुखमय जीवन की कामना,

-जीवन में उत्कृष्टता के लिए कोशिश

-अच्छे और प्रतिष्ठित कैरियर की तलाश

-माता-पिता/परिवार/शिक्षकों की अपेक्षाओं पर खरा उतरने का ख़्वाब

-अपने सपनों को साकार करने की इच्छा, आदि।

अपने इन सपनों को साकार करने के प्रयासों की राह बहुत कठिन नहीं है, परंतु इतनी सरल और एकरेखीय भी नहीं है। जिस तरह ज़िंदगी बहुपक्षीय और बहुआयामी है, उसी तरह सिविल सेवा परीक्षा की तैयारी की प्रक्रिया भी ठीक-ठाक लंबी और उलझाऊ-सी है। मेरी व्यक्तिगत राय है कि इस उलझन, बोझ, ऊहापोह और तनाव से निपटने का शानदार और ज़बरदस्त रास्ता बुद्ध के 'मध्यम मार्ग' में छिपा है।

बौद्ध दर्शन के प्रमुख सिद्धांतों में से एक मध्यम मार्ग को पाली साहित्य में 'मज्झिमा परिपदा' कहा गया है, जिसे सामान्य तौर पर अँग्रेज़ी में 'Middle Path' या 'golden mean' भी कहा जाता है। बुद्ध ने अति 'कायक्लेश' और 'भोगवाद' के बीच का 'मध्यम मार्ग' सुझाया और स्वयं भी उसी पर आगे बढ़े। बुद्ध का यह मध्यम मार्ग का दर्शन भारतीय उपनिषदों की समावेशी (inclusive) और सहिष्णु (tolerant) चिंतन प्रक्रिया के काफ़ी नज़दीक है।

मध्यम मार्ग का यह सिद्धांत तीर्थंकर महावीर के 'अनेकांतवाद' व 'स्यादवाद' के भी काफ़ी नज़दीक है। अनेकांतवाद सिखाता है कि कोई भी कथन स्वयं में पूर्ण (absolute) नहीं है। किसी भी बात या धारणा को एक नहीं, बल्कि अनेक पहलुओं से समझा जा सकता है। हर बात को समझने के कई दृष्टिकोण या नज़रिये हो सकते हैं। सात अंधे जब एक हाथी को अलग-अलग अंगों पर स्पर्श करते हैं, तो उसकी आकृति को लेकर अपनी अलग-अलग धारणाएँ बनाते हैं। कोई हाथी की पूँछ को छूकर उसे 'झाड़ू' समझता है, तो कोई उसके कान छूकर उसे 'पंखा'। उन सातों दृष्टिबाधित व्यक्तियों का अपना-अपना सत्य है, जो उनके नज़रिये से भले ही ठीक हो, पर ज़ाहिर है कि यह सत्य अधूरा है। इसीलिए अँग्रेज़ी में एक कहावत भी है- 'Truth lies somewhere in between.'

आप पाएँगे कि सत्य देश-काल-समाज-परिस्थिति सापेक्ष भी हो सकता है। उदाहरण के तौर पर पूरब की नैतिकता के मानदंड पश्चिम के मानदंडों से काफ़ी भिन्नता रखते हैं। कहीं मृत्युदंड अवैध और अनैतिक भी है, तो कहीं न्यायसंगत और वैध; कहीं समलैंगिक विवाह क़ानूनन व नैतिक तौर पर स्वीकार्य है, तो कहीं इस बारे में सोचना भी अनैतिक माना

जाता है। इस तरह के तमाम उदाहरण हमारे आस-पास दिखते हैं, जिनसे हम आसानी से समझ सकते हैं, कि कैसे अपने-अपने नज़रिये के आधार पर लोग अपने सच का संसार निर्मित करते जाते हैं।

अनेकांतवाद और मध्यम मार्ग की इन अवधारणाओं को संक्षेप में समझने के बाद अब हम यह समझने की कोशिश करते हैं कि सिविल सेवा परीक्षा या अन्य प्रतियोगी परीक्षाओं सहित ज़िंदगी के हर मोड़ पर, किस तरह ये दोनों परस्पर पूरक से दिखने वाले सिद्धांत आपकी मुश्किल राह को आसान और सहज बनाने में मदद करते हैं।

-लिखित परीक्षा में निबंध या सामान्य अध्ययन के प्रश्नों के उत्तर लिखते वक़्त एक बड़ा कंफ़्यूज़न इस बात को लेकर रहता है कि विचारों का संतुलन कैसे बनाएँ। इसमें निस्संदेह मध्यम मार्ग मदद करता है।

-एक बेहतर निबंध तभी लिखा जा सकता है, जब उसमें उस विषय के सभी संभव पहलुओं और पक्ष-विपक्ष पर पर्याप्त प्रकाश डालते हुए, विचारों को व्यवस्थित ढंग से अभिव्यक्त किया गया हो। इसमें अनेकांतवाद और मध्यम मार्ग, दोनों काफ़ी सहायक साबित हो सकते हैं।

-परीक्षा की तैयारी के दौरान सीखने की प्रवृत्ति (learner's attitude) होना काफ़ी काम आता है। यदि आप अतियों (extremes) की ओर न झुककर मध्यम मार्ग के हिमायती हैं, तो आप नई चीज़ें सीखने के प्रति तत्पर रहते हैं, और दूसरों के विचारों का भी सम्मान करना सीखते हैं।

-लिखित परीक्षा और इंटरव्यू में अनेक बार किसी टॉपिक का विश्लेषण करते वक़्त निष्कर्ष में कोई स्पष्ट मत व्यक्त करना होता है। उस विश्लेषण को श्रेय मिलता है, जिसमें टॉपिक के विविध पहलुओं को व्यवस्थित ढंग से विश्लेषित कर अंत में एक संतुलित राय व्यक्त की जाए। स्पष्ट है कि ये दोनों सिद्धांत इस संतुलित दृष्टिकोण के निर्माण में काफ़ी मदद करते हैं।

-तैयारी की लंबी और उबाऊ प्रक्रिया में कई बार असफलता का सामना भी करना पड़ सकता है। छोटी-छोटी असफलताओं को संभालना और उनसे विचलित हुए बग़ैर स्थिर रहना आज के तनाव भरे दौर में थोड़ा मुश्किल है। तैयारी के दौरान रोज़मर्रा की दिनचर्या में भी समय-समय पर विभिन्न कारणों से तनाव, निराशा या कुंठा की स्थितियाँ पैदा होती रहती हैं।

ऐसा होना स्वाभाविक भी है। पर इन स्थितियों से निपटने में अनेकांतवाद और मध्यम मार्ग के साथ-साथ गीता का 'निष्काम कर्मयोग' भी काफ़ी सहायता करते हैं। नतीजों के प्रति आसक्त (attach) हुए बिना पूर्ण मनोयोग और पुरुषार्थ से काम करना, सिविल सेवा परीक्षा या किसी भी प्रतियोगी परीक्षा के लिए बेहद ज़रूरी और लगभग अनिवार्य पक्ष है।

–परफ़ेक्शन की ज़िद और सब कुछ बेस्ट पाने की चाहत आज के दौर में युवाओं पर जुनून बनकर सवार है। पर जब आप अनेकांतवाद की मदद से यह समझ पाते हैं कि कुछ भी बेस्ट नहीं है और कोई भी धारणा शत प्रतिशत सत्य नहीं है, तो आप ज़्यादा सहज होकर तैयारी कर पाते हैं।

–इंटरव्यू के दौरान आपकी विनम्रता और सहजता आपकी परफ़ॉरमेंस पर काफ़ी सकारात्मक असर डालती है। जब आप दूसरों के विचारों और ज्ञान के अथाह भंडार का सम्मान करते हुए, आप ख़ूब पढ़ते-लिखते और समझते हैं, तो आपको ज्ञान की विराटता व ख़ुद की अल्पज्ञता का एहसास होता है। इसका असर यह होता है आप और विनम्र होते जाते हैं। किसी विद्वान ने कहा भी है-*'शिक्षा अपने अज्ञान की प्रगतिशील खोज है।'*

सच तो यह है कि भारतीय दर्शन के ये तीनों सिद्धांत-निष्काम कर्मयोग, अनेकांतवाद और मध्यम मार्ग; सिविल सेवा परीक्षा सहित किसी भी प्रतियोगी परीक्षा में ही नहीं, बल्कि ज़िंदगी के हर मोड़ पर आपको अधिक परिपक्व, सहज, संयत, सहिष्णु और सक्षम बनाते हैं।

ज़रूरत है तो बस इनके सही अर्थ को समझकर, रोज़मर्रा के जीवन में इनका समावेश करने की।

अपनी लकीर बड़ी करें

आपने एक कहानी ज़रूर सुनी होगी। एक बार एक क्लासरूम में पढ़ाई के दौरान एक शिक्षक ने ब्लैकबोर्ड पर एक लकीर खींची और बच्चों से कहा कि अब कोई आकर इस लकीर को छोटा कर दे। कई लड़कों ने कोशिश की। किसी ने डस्टर से एक लकीर का एक सिरा मिटाया तो किसी ने दूसरा। पर जिस छात्र से मास्टर जी सबसे ज़्यादा प्रभावित हुए, उस छात्र ने सिर्फ़ इतना-सा किया कि डस्टर का इस्तेमाल लिए बग़ैर चाक उठाई और उस लकीर के नीचे एक उससे बड़ी लकीर खींच दी। स्वाभाविक तौर पर अब पुरानी वाली लकीर नई लकीर की तुलना में छोटी हो गई।

बाद में मास्टर जी ने यह सबक़ सिखाया कि *अगर ज़िंदगी की राह पर आगे बढ़ना है तो अपनी लकीर बड़ी करने की कोशिश करें, न कि दूसरों की लकीर को मिटाने या छोटा करने की।* किसी बुद्धिमान व्यक्ति या समुदाय के गहरे अनुभव से उपजी यह कहावत हम हिंदी मीडियम टाइप छोटे शहरों के लोगों पर बहुत हद तक सटीक बैठती है।

बात कलेक्टर या एसपी बनने के लिए यूपीएससी का एग्ज़ाम निकालने

तक सीमित नहीं है। चाहे आईएएस का एग्ज़ाम निकालने का सपना हो या डॉक्टर/इंजीनियर/सीए बनने का हर आम भारतीय छात्र का ख़्वाब या फिर किसी अन्य पेशे में क़िस्मत आज़माने का ख़्वाब; लाख टके का सवाल ये है कि छोटे शहरों के सामान्य सामाजिक/आर्थिक बैकग्राउंड के बच्चों के लिए वह कौन-सी संजीवनी बूटी है, जिसकी सहायता से हम हिंदी वाले निराशा, घबराहट, आशंका और हताशा से ऊबरकर अपनी ताक़त को पहचानें और सही दिशा में जुट जाएँ। अपनी सोच को किस दिशा में मोड़ें कि हम दूसरों के बारे में सोचने से बचते हुए अपने प्रगतिपथ पर कुछ इस तरह आगे बढ़ें कि हमारी ख़ुद की लकीर बड़ी हो जाए और हमारी उड़ान को खुले पंख मिल सकें।

कुछ साल पहले, सिविल सेवा परीक्षा में हिंदी मीडियम में प्रथम स्थान (ओवरऑल 13वीं रैंक) प्राप्त होने के बाद ऐसे कई अवसर आए, जब मेरा संवाद हिंदी मीडियम के युवा अभ्यर्थियों से हुआ। हर बार मुझे एक बात महसूस हुई कि हम हिंदी मीडियम वालों में न तो प्रतिभा की कोई कमी है और न ही जुनून की। लेकिन एक बात, जो मुझे थोड़ा बेचैन करती है, वह है—हममें पसरी एक अजीब-सी घबराहट और आशंका। 'कहीं हम अच्छी रैंक ला पाएँगे या नहीं ?' 'कहीं हम इंग्लिश मीडियम वालों से पीछे तो नहीं हैं ?' जैसी तमाम आशंकाएँ हमारे मन को मथती रहती हैं।

आइए, इन सब स्वाभाविक समस्याओं से उबरने के लिए अपनी लकीर बड़ी करके आगे बढ़ने के कुछ ठोस उपायों पर एक-एक करके चर्चा करें। सबसे पहली बात यह है कि अँग्रेज़ी से डरने, भागने या मुँह छिपाने की आदत से जितनी जल्दी हो सके, छुटकारा पाने की कोशिश करें। अँग्रेज़ी कोई हौवा नहीं है, बल्कि यह एक सरल भाषा है, जिसमें कुल 26 अक्षर हैं और जिसे आप बचपन से अब तक लगातार पढ़ते रहे हैं। अँग्रेज़ी भाषा से डरने का दुष्परिणाम UPSC, SSC सहित तमाम प्रतियोगी परीक्षाओं में आजकल होने वाले इंग्लिश के अनिवार्य पेपर में असफल होना भी हो सकता है, जो स्वयं में एक दुःखद स्थिति है।

किसी भी फ़ील्ड में सफल होने के लिए अमूमन इंग्लिश का एक्सपर्ट बनने की दरकार क़तई नहीं है। हाँ, इतनी अपेक्षा ज़रूर होती है कि आप

सामान्य अँग्रेज़ी समझ सकें, सरल और बोधगम्य तरीक़े से पढ़ व लिख सकें। कम-से-कम ऐसी अँग्रेज़ी, जिसमें स्पेलिंग और ग्रामर की ग़लतियाँ कम-से-कम हों। आपको सामान्य और बोधगम्य शब्दों का प्रयोग करते हुए सरल अँग्रेज़ी के प्रयोग की आदत विकसित करनी है। इतना भर कर लेंगे तो न तो घबराहट होगी और न ही किसी क़िस्म की हीन भावना उपजेगी।

एक और चिंतनीय पहलू यह भी है कि हम अनावश्यक रूप से इंग्लिश वालों से एक अनजाना और ग़ैर-ज़रूरी दबाव महसूस करते हैं। हम अक्सर यह महसूस करते हैं कि हम उनसे कुछ कमतर या कमज़ोर हैं। मुझे इस रवैये पर घोर आपत्ति है। जब मैं यू.पी.एस.सी. की तैयारी कर रहा था तो अक्सर मुझे भी ऐसी बिन माँगी सलाहें और हतोत्साहित करने वाली बातें सुनने को मिलती थीं, जो किसी को भी हताश करने के लिए काफ़ी हैं। आप भरोसा करें तो मैं आपको बताना चाहता हूँ कि बमुश्किल एकाध मौकों को छोड़कर मैं शायद ही कभी इन निराशाजनक बातों से प्रभावित हुआ। मुझे शायद ही कभी यह महसूस हुआ हो कि मेरी सफलता को मेरा मीडियम प्रभावित कर सकता है।

मेरा दृढ़ विश्वास था कि मेरी क़ाबिलियत ही मुझे सफलता तक पहुँचा सकती है, किसी भाषा विशेष का माध्यम नहीं। लिहाज़ा माध्यम वही चुनें, जिसमें आप सहज हों और जिसमें आप ख़ुद को बेहतर ढंग से अभिव्यक्त कर सकें। मेरे अपने भाषा-माध्यम को लेकर आत्मविश्वास के कुछ आधार भी थे, जो मुझे लगता है आप सबके लिए भी समझना बेहतर होगा। मसलन—भाषा पर अधिकार, लेखन कौशल और अध्ययन सामग्री की उपलब्धता। आइए, इन बिंदुओं पर क्रमवार बात करते हैं। सर्वप्रथम यह कि आप यू.पी.एस.सी. की परीक्षा जिस भी भाषा के माध्यम में दें, उस भाषा पर आपका ठीक-ठीक अधिकार होना चाहिए। मैंने यू.पी.एस.सी. टॉपर्स में जो कुछ कॉमन स्किल पाए हैं, उनमें भाषा पर अधिकार और लेखन कौशल प्रमुख है।

प्रसिद्ध अँग्रेज़ी निबंधकार फ्रांसिस बेकन ने लिखा है—'Reading makes a full man, conference a ready man and writing an exact man.' लेकिन पठन, संवाद और लेखन के इस कौशल को विकसित करने के लिए भाषा पर ठीक-ठीक अधिकार अपरिहार्य है। आप सही लिखें, टू द पॉइंट लिखें, संक्षिप्त लिखें और सारगर्भित लिखें। 'भाषा पर अधिकार' से मेरा अभिप्राय कठिन शब्दों के प्रयोग से बिलकुल नहीं है। सवाल सिर्फ़ इतना-सा है कि आप भाषा का अवबोध (comprehension) बख़ूबी कर पाएँ और अवसर के अनुकूल सरल, सहज एवं प्रासंगिक शब्दों का प्रयोग करते हुए व्यवस्थित ढंग से प्रवाह (flow) के साथ अपनी बात लिख पाएँ।

लेखन कौशल पर बात करने से पहले मुझे यह भी याद दिलाना है कि मनोवैज्ञानिकों और भाषाविदों का यह भी मानना है कि बेहतर समझ के लिए मातृभाषा में पढ़ाई बेहतर माध्यम है। आपने यदि हिंदी मीडियम में अपनी स्कूल-कॉलेज की पढ़ाई की है तो इसका यह अर्थ नहीं है कि आप घाटे में हैं। इसका एक अर्थ यह भी हो सकता है कि यदि आपने अपनी स्कूल-कॉलेज की पढ़ाई संतोषजनक ढंग से की है तो आप कमोबेश फ़ायदे में ही हैं और आपका हिंदी भाषा पर ठीक-ठाक अधिकार है।

ज़रूरत है तो अभ्यास की। राइटिंग स्किल के उत्कृष्ट स्तर को प्राप्त करने का एक ही सर्वश्रेष्ठ तरीक़ा है, वह है निरंतर अभ्यास। बेहतर लेखन कौशल के दो महत्त्वपूर्ण पहलू हैं—'क्या लिखना है' और 'कैसे लिखना है।' 'क्या लिखना है', इसका उत्तर प्रश्न को ठीक से समझने में छिपा है। प्रश्न को ठीक से समझ लेने से उत्तर लिखने की सही दिशा मिल जाती है। प्रश्न के यथासंभव सभी पहलुओं को कवर करते हुए क्रमबद्ध और व्यवस्थित ढंग से उत्तर लिखें तो निश्चय ही यह उत्तर अच्छे अंक आकर्षित करेगा ही। 'कैसे लिखना है' भी उतना ही महत्त्वपूर्ण है, जितना कि 'क्या लिखना है।'

'कैसे लिखना है' के लिए कुछ उपयोगी बातें इस प्रकार है-

1. व्यवस्थित और क्रमबद्ध ढंग से लिखें।

2. लेखन में एक प्रवाह (flow) विकसित करें। छोटे-छोटे पैराग्राफ़ों में लिखें। कोशिश करें कि दो लगातार पैराग्राफ़ों में एक कनेक्शन हो।

3. सरल, सहज और बोधगम्य भाषा का प्रयोग करें। अनावश्यक और

अप्रासंगिक शब्दों को थोपने का प्रयास न करें।

4. ज़रूरत पड़ने पर उदाहरणों, आँकड़ों या कथनों/उक्तियों का प्रयोग बेझिझक करें। ध्यान रखें, ये सभी आपके उत्तर में सहज रूप से समाहित होने चाहिए।

5. लेखन कौशल अभ्यास से ही बेहतर होता है। यह रातोंरात प्राप्त हो सकने वाला कौशल नहीं है। अभ्यास कल से नहीं, आज से ही शुरू करें। 'Tomorrow never comes.'

हिंदी मीडियम के अभ्यर्थी अपनी इन ताक़तों को पहचानें और भाषा पर अधिकार व लेखन कौशल का अभ्यास विकसित करके किसी भी प्रकार से ख़ुद को कमतर आँकने की आदत से छुटकारा पाएँ।

उपर्युक्त दोनों बातों के अलावा मेरे मस्तिष्क में एक और बात बहुत स्पष्ट थी, वह थी 'अध्ययन सामग्री की कमी' की सतत आशंका। यद्यपि इसमें कोई संदेह नहीं है कि अँग्रेज़ी माध्यम की तुलना में हिंदी माध्यम में अध्ययन सामग्री, विशेषकर तकनीकी और विज्ञान प्रौद्योगिकी से जुड़े विषयों पर सामग्री की काफ़ी कमी है; पर इस स्थिति में हमारे सामने या तो सतत शिकायत करके दुःखी रहने का विकल्प है या कुछेक कमियों को दरकिनार करके 'उपलब्ध संसाधन का अनुकूलतम उपयोग' करके अपना सर्वश्रेष्ठ प्रयास करने का विकल्प और उम्मीद है। हम दूसरा विकल्प ही चुनेंगे। हमेशा शिकायत करने की प्रवृत्ति से भी कुछ हासिल होनेवाला नहीं है। यह भी ध्यान रखें कि अध्ययन सामग्री की दृष्टि से हिंदी मीडियम के छात्र अन्य भारतीय भाषाओं के छात्रों से कहीं बेहतर स्थिति में हैं।

हमें नहीं भूलना चाहिए कि दूरदर्शन, ऑल इंडिया रेडियो, राज्यसभा व लोक सभा टी.वी. जैसे इलेक्ट्रॉनिक माध्यम और एन.सी.ई.आर.टी., एन.बी.टी. जैसे तमाम सरकारी प्रकाशन व वेबसाइटें अब हिंदी में भी उपलब्ध हैं। निजी क्षेत्र के प्रतिष्ठित प्रकाशक हिंदी में किताबें और पत्रिकाएँ उपलब्ध करा रहे हैं, जिसके बाद करेंट अफ़ेयर्स के लिए ज़्यादा तनाव लेने की ज़रूरत नहीं है। लिहाज़ा, अब सही अध्ययन सामग्री को पहचानकर अध्ययन करें और 'क्या पढ़ना है' की आधारभूत समस्या से छुटकारा पाएँ।

हिंदी माध्यम के साथी अगर कहीं पीछे रह जाते हैं तो वह प्रतिभा और कर्मठता नहीं, आत्मविश्वास की कमी है। मेहनत करने में हमारा कोई सानी नहीं है, पर मनोवैज्ञानिक स्तर पर ख़ुद को कमतर आँकने की आदत संभावित सफलता को दूर ले जाती है। कहते हैं कि *'मन के हारे हार है, मन के जीते जीत।'* इस बात को जितनी जल्दी समझ लें, उतना बेहतर है। *मनोवैज्ञानिक बढ़त और भरपूर आत्मविश्वास आधी लड़ाई जिता सकता है।* अगर मन में यह भरोसा है कि अच्छे उत्तर लिखने पर अच्छे अंक मिलेंगे, अच्छा प्रदर्शन करने पर चयन सुनिश्चित है तो सोचने का नज़रिया ही बदल जाएगा। आपके उत्तरों में एक स्पष्टता व मज़बूती दिखेगी और परीक्षा के हर स्तर—प्रारंभिक परीक्षा, मुख्य परीक्षा और व्यक्तित्व परीक्षण में बेहतर प्रदर्शन की संभावनाएँ कई गुना बढ़ जाएँगी।

मुझे लगता है कि अगर हम हिंदी मीडियम के अभ्यर्थी अध्ययन सामग्री की उपलब्धता, विषय चयन, लेखन कौशल, भाषा पर अधिकार जैसे मुद्दों पर उलझनों और ऊहापोहों से मुक्ति पा सकें तो सफलता की राह और आसान हो जाएगी। सोच-समझकर भाषा माध्यम चुनें और अगर हिंदी माध्यम चुन ही लिया है तो उसमें अपना अध्ययन, अभ्यास और अपेक्षित कौशल विकसित कर बिना किसी ऊहापोह और तनाव के अपनी लकीर बड़ी करते हुए प्रगति पथ पर बढ़ते जाएँ।

अपनी मातृभाषा को लेकर हीनता या दुराव महसूस करने की प्रवृत्ति पर मुझे वरिष्ठ कवि और ज्ञानपीठ पुरस्कार विजेता श्री केदारनाथ सिंह की कविता 'मातृभाषा' का उल्लेख यहाँ ज़रूरी लगता है। आइए, अपनी लकीर बड़ी करते हुए, बिना किसी कुंठा या हीन भावना के, अदम्य साहस और भरपूर सकारात्मकता के साथ डटकर तैयारी करें और सफल हों—

जैसे चींटियाँ लौटती हैं
बिलों में
कठफोड़वा लौटता है
काठ के पास
वायुयान लौटते हैं एक के बाद एक
लाल आसमान में डैने पसारे हुए

हवाई-अड्डे की ओर

ओ मेरी भाषा
मैं लौटता हूँ तुम में
जब चुप रहते-रहते
अकड़ जाती है मेरी जीभ
दुखने लगती है
मेरी आत्मा।

राम की शक्ति-पूजा' में निराला हमें अपनी लकीर बड़ी करने की सीख कुछ इस तरह देते हैं:-

आराधन का दृढ़ आराधन से दो उत्तर,
तुम वरो विजय संयत प्राणों से प्राणों पर।

रुक जाना नहीं,
तू कहीं हार के...

जीवन की काली रातें हों, आशा सरिता सूख चली हो,
सरस सरोवर मानस का जब मृगतृष्णा की मरुस्थली हो।

अंतिम श्वासें लेती हो जब, ये मेरी मिट्टी की काया,
पर क्या मेरे ज्ञान दीप को, कोई कभी बुझाने पाया।

जग के प्रलय तिमिर में मेरे, अंतर्दीप जला करते हैं,
अभिशापों में वरदानों के स्वर्णिम फूल खिला करते हैं।

हिंदी के आध्यात्मिक कवि जुगल किशोर जी की ये पंक्तियाँ निराशा के हर चक्रव्यूह से निकालकर आशा से सराबोर कर देती हैं।

बिजली के बल्ब के आविष्कारक एडिसन का उदाहरण आपको याद

ही होगा। निरंतर मेहनत और सैंकड़ों-हज़ारों प्रयोगों के बाद उस धैर्य के सिपाही ने बल्ब जला ही डाला। दुनिया में तमाम बड़े काम कुछ इसी तरह अथक परिश्रम, निरंतरता और मोटिवेशन से हो सके हैं।

अक्सर यह भी होता है कि हम आगे बढ़ना या मेहनत करना उस समय छोड़ते हैं या उस समय गिव-अप करते हैं, जब हम सफलता के बहुत क़रीब होते हैं। युवा कवि चिराग़ जैन की जादूई पंक्तियाँ बड़ी सटीक बात कहती हैं:-

जिसको तुम नाकामी कहकर थक कर बैठ रहे हो ना,
उससे केवल चार क़दम पर मंज़िल का दरवाज़ा है।

नीचे कुछ ऐसी ही जादुई-सी लगने वाली पर वास्तविक कहानियाँ पढ़कर आप रोमांचित हो जाएँगे-

बेनो जैफीन :

100 प्रतिशत नेत्रहीन बेनो जैफीन भारतीय स्टेट बैंक में प्रोबेशनरी अधिकारी थीं। वे बचपन से बेहद सक्रिय रहीं। विभिन्न वाद-विवाद प्रतियोगिताओं में हिस्सा लेना उनका शौक़ रहा। बेनो ने सिविल सेवा परीक्षा की तैयारी शुरू की, पर ब्रेल लिपि में सामग्री की भारी कमी थी। बेनो ने अपनी विकलांगता को कभी अपनी तैयारी में आड़े नहीं आने दिया और आख़िरकार यू.पी.एस.सी. की सिविल सेवा परीक्षा में अंतिम रूप से चयनित हुईं। मिलनसार और मृदु स्वभाव की धनी बेनो आज भारतीय विदेश सेवा (आई.एफ.एस.) की पहली नेत्रहीन अधिकारी हैं। वह अपनी सफलता का श्रेय, विशेष तौर पर, अपने माता-पिता और दोस्तों को देती हैं, जिन्होंने घंटों उन्हें किताबें पढ़-पढ़कर सुनाईं।

राजा गणपति रामासामी :

मेडिकल कॉलेज की पढ़ाई पूरी करने के बाद सिविल सेवा परीक्षा की तैयारी करने चेन्नई पहुँचे। पहले प्रयास में तैयारी पर उतना फ़ोकस न बन सका। काफ़ी ऊहापोह और उलझनें भी सतातीं। जब भी परेशान

होते तो पिताजी का चेहरा आँखों के सामने घूमने लगता। वही पिताजी, जो यू.पी.एस.सी. की तैयारी के लिए बड़े शहर में छोड़ने आए थे। वही पिताजी, जिन्हें पूरा भरोसा था कि मेरा बेटा प्रथम प्रयास में ही आई.ए.एस. बनेगा। ख़ैर, जैसे-जैसे पहला प्रयास दिया। प्रारंभिक परीक्षा का परिणाम आया, लेकिन प्रतिकूल रहा। धीरे-धीरे दोस्त अपने-अपने कैरियर में सेटल होने लगे। एक क़िस्म की कुंठा जनम रही थी, पर राजा गणपति अब भी पढ़ रहे थे। रिश्तेदार सवाल दागने लगे थे कि आपका बेटा क्यों ख़ाली घूम रहा है? पर पिताजी को फिर वही भरोसा था कि बेटा दूसरे प्रयास में आई.ए.एस. बनेगा।

दूसरे प्रयास में 'सी-सैट' आया। राजा गणित में पहले से ही कुछ कमज़ोर थे। गणित में कमज़ोरी फ़ोबिया बन गई। दूसरे प्रयास में भी नतीजा सिफ़र रहा और प्रीलिम्स में ही असफल हो गए। अब स्थिति बदतर होने लगी। घरवालों से पढ़ाई के लिए पैसे नहीं माँग सकते थे, अपराध-बोध-सा महसूस होने लगा। एक प्रतियोगी पत्रिका में कुछ लिखकर कुछ राशि कमाने लगे, जिससे कुछ ख़र्चा निकलने लगा। इधर परिजनों पर शादी का दबाव बढ़ता जा रहा था, पर राजा के हाथ में कोई नौकरी नहीं थी। एक दिन तो राजा की माँ उनके सामने ख़ूब रोईं कि यह सिविल सेवा छोड़ और कोई स्थायी नौकरी कर ले। पर राजा का स्वप्न आई.ए.एस. बनना ही था। कहीं पढ़ाने की नौकरी शुरू की और थोड़ा ठीक-ठाक कमाने लगे।

फिर तीसरा प्रयास आया; पर इस बार फिर असफलता...। राजा की क़िस्मत उनका साथ नहीं दे रही थी और चौतरफ़ा दबाव बढ़ता जा रहा था। बिना आँसू के ख़ूब रोए और जीवन की विषमताओं व प्रतिकूलताओं से साक्षात्कार करना सीखा। चौथे प्रयास में राजा को पूरा भरोसा था कि इस बार वे प्रीलिम्स उत्तीर्ण कर ही लेंगे; पर दुर्भाग्य ऐसा कि चौथी बार भी प्रीलिम्स उत्तीर्ण न कर सके। बेहद मज़बूत पिताजी उनके सामने पहली बार रोए। पर इसी बीच राजा ने राज्य लोक सेवा आयोग की परीक्षा 15वीं रैंक के साथ उत्तीर्ण कर ली और इस प्लेटफ़ॉर्म के सहारे उन्होंने यू.पी.एस. सी. के लिए अपने पाँचवें प्रयास के लिए कमर कस ली। बड़े भाई ने मोटिवेट किया। प्रीलिम्स उत्तीर्ण हुआ, मुख्य परीक्षा और फिर इंटरव्यू भी।

वर्ष 2014 की सिविल सेवा परीक्षा में सफल हुए राजा गणपति रामासामी को आई.ए.एस. में उत्तर प्रदेश कैडर मिला। राजा अपनी कहानी को 'असफलताओं की कहानी' कहते हैं और सबको एक ही संदेश देते हैं—

Never never never give up.

घनश्याम मीणा :

जयपुर से आनेवाले घनश्याम इंजीनियरिंग ग्रेजुएट हैं। सपना था सिविल सेवक बनने का। आर.ए.एस. और आई.ए.एस. दोनों परीक्षाओं के लिए प्रयास किया। सौभाग्य से राजस्थान प्रशासनिक सेवा में बिक्री कर विभाग में चयनित हो गए। पर यू.पी.एस.सी. के प्रथम प्रयास में प्रीलिम्स ही उत्तीर्ण न कर सके। दूसरे प्रयास में मुख्य परीक्षा दी। जब परिणाम आया तो पता चला कि अनिवार्य हिंदी का प्रश्न-पत्र ही क्वॉलीफ़ाई नहीं कर सके। अपनी नौकरी के साथ-साथ रोज़ शाम को और वीकेंड पर यू.पी.एस.सी. की तैयारी जारी रखी और तीसरे प्रयास में इंटरव्यू की कॉल आ गई। अंतिम सफलता न मिल सकी; पर घनश्याम का स्वप्न अभी जीवित था। चौथे प्रयास में प्रारंभिक परीक्षा और मुख्य परीक्षा उत्तीर्ण की। हिंदी माध्यम में इंटरव्यू दिया। अंतिम रूप से चयनित हुए और 2015 बैच में बिहार कैडर के आई.ए.एस. के रूप में चयनित हो गए। घनश्याम अपने जीवन में सफलता का आधार सकारात्मक सोच और ज़मीन से जुड़े रहने को मानते हैं।

सचिन कुमार वैश्य :

साधारणता से किया गया संघर्ष कैसे आपको असाधारण सफलता की ओर ले जा सकता है, यह बताती है यू.पी.एस.सी. की सिविल सेवा परीक्षा 2014 में 94वीं रैंक हासिल करने वाले उत्तर प्रदेश के प्रतापगढ़ ज़िले के सचिन कुमार वैश्य की कहानी। तमाम आर्थिक-सामाजिक परेशानियों के बावजूद पापा ने हर संभव कोशिश करके सचिन को पढ़ाया। आई.आई.टी. के लिए कोचिंग नहीं ले पाए तो यू.पी.टी.यू. के कॉलेज में ही एडमिशन ले लिया। परिवार व रिश्तेदारों के सहयोग से पढ़ाई आगे बढ़ती रही।

क़िस्मत ने भरपूर इम्तिहान लिया और उनके जीवन में असफलताओं की कोई कमी नहीं रही। सचिन SCRA की परीक्षा में असफल हुए तो महज़ एक चूक के चलते GATE की परीक्षा में भी सफल न हो सके। लेकिन सचिन ने हिम्मत नहीं हारी और दिल्ली आकर 'लोक प्रशासन' वैकल्पिक विषय लेकर तैयारी शुरू कर दी। अँग्रेज़ी माध्यम से परीक्षा देने वाले सचिन अपने नियमित अध्ययन और रिवीज़न के बल पर पहले प्रयास में ही महज़ 22 वर्ष 10 महीने की उम्र में भारतीय प्रशासनिक सेवा में अपना मुक़ाम बनाने में सफल हुए।

ऊपर लिखी कहानियों की ही तरह, मेरी कहानी में भी एक तत्त्व ऐसा रहा है, जो इन सब कहानियों में भी उपस्थित है, वह है—निरंतरता (Persistance)। सिविल सेवा परीक्षा की प्रकृति ही कुछ ऐसी है। इसमें अनिश्चितता की स्थिति बनी ही रहती है। ऐसे असंख्य उदाहरण हैं, जब यू.पी.एस.सी. की सिविल सेवा परीक्षा में अनेक अभ्यर्थी किसी प्रयास में इंटरव्यू तक गए, तो किसी प्रयास में मुख्य परीक्षा या प्रारंभिक परीक्षा ही उत्तीर्ण न कर सके; पर इन उदाहरणों में यह भी देखा गया कि जो अभ्यर्थी अंतिम रूप से चयनित हुए, उनमें से अधिकांश पूर्व में परीक्षा के किसी-न-किसी चरण में असफल हो चुके थे। ऊपर लिखी कहानियों से हमें कुछ बातें सीखने को मिलती हैं, जो इस प्रकार हैं—

जीवन में सफलता का मूल मंत्र है—निरंतरता। आज विभिन्न परीक्षाओं में उम्मीदवारों के निरंतरता गुणांक (Persistance Quotient) को भी आँका जाने लगा है। *ज़ोर-शोर से शुरुआत करना आसान है पर अपने जज़्बे को उसी शिद्दत से क़ायम रखना उतना आसान नहीं।*

हमारे आस-पास ऐसे न जाने कितने दोस्त मिलेंगे, जो योजना बहुत अच्छी बनाते हैं, पर जब उन योजनाओं के क्रियान्वयन और उनको जारी रखने की बात आती है तो वे कई बार पीछे हट जाते हैं या आलस्य का शिकार होकर समय व्यर्थ करने लगते हैं। अच्छे प्लानर बनने के साथ-साथ कर्मशील भी बनें। निरंतरता के मंत्र को न भूलें और प्रगति-पथ पर सतत आगे बढ़ते रहें।

निराला की मशहूर लंबी कविता 'राम की शक्ति-पूजा' आपने पढ़ी

होगी। नहीं पढ़ी हो तो अभी 'कविता कोश' वेबसाइट खोलकर पढ़ डालिए। कविता में राम *'धिक् जीवन को जो पाता ही आया है विरोध'* से *'वह एक और मन रहा राम का जो न थका'* से होते हुए *'आराधन का दृढ़ आराधन से दो उत्तर'* से आगे बढ़ते हुए *'होगी जय, होगी जय, हे पुरुषोत्तम नवीन'* तक की यात्रा यूँ ही नहीं तय कर पाते। इसके पीछे उनके अदम्य आत्मविश्वास, सघन सकारात्मकता और अडिग निरंतरता जैसे गुणों की बड़ी भूमिका रही है।

कुछ साथियों में एक और समस्या दिखती है, वह है अपेक्षाओं की अत्यधिकता। जैसा कि मैंने पहले ही कहा कि इस प्रतिष्ठित और अत्यधिक प्रतिस्पर्धा वाली परीक्षा की प्रकृति ही कुछ ऐसी है, जहाँ तीनों चरणों में सुनिश्चित सफलता की गारंटी नहीं दी जा सकती। यह निस्संदेह संभव है कि आपको अनपेक्षित रूप से किसी चरण में चौंकाने वाली असफलता का सामना करना पड़े।

मैंने कहीं पढ़ा था कि किसी सेना की एक ऐसी विंग है, जहाँ भरती के लिए जीवन में कभी-न-कभी असफल होना अनिवार्य होता है। वहाँ के नियुक्त अधिकारियों का यह मानना है कि जो व्यक्ति फेल होकर निराशा से उबरना नहीं जानता, वह ख़राब स्थितियों का सामना करने में सक्षम नहीं हो पाएगा। मैं अपने स्वयं के अनुभव से यह बात कहने में कोई संकोच अनुभव नहीं करता कि अपने विद्यार्थी जीवन की तमाम छोटी-बड़ी सफलताओं से ज़्यादा मैंने अपनी इकलौती असफलता (प्रथम प्रयास में सिविल सेवा प्रारंभिक परीक्षा उत्तीर्ण न कर पाना) से सीखा है।

जिस तरह रुका हुआ पानी सड़ जाता है, उसी तरह रुका हुआ जीवन थक जाता है। मंज़िल मिले न मिले, ज़िंदगी कभी न थकती है, न रुकती है। समय का पहिया हर सफलता और असफलता के बाद भी निरंतर चलता जाता है। इसलिए मैं अक्सर कहता हूँ कि अपने मन में एक कैरियर विकल्प का निर्धारण ज़रूर करें। कुछ लोग रोज़गार प्राप्त करके, उसे छोड़कर या वहाँ से अवकाश लेकर सिविल सेवा परीक्षा की तैयारी करते हैं। कुछ अभ्यर्थी अपनी नौकरी के साथ-साथ इस परीक्षा के लिए क़िस्मत आज़माते हैं तो कुछ पढ़ाई के तुरंत बाद अपनी रोज़गार पाने की क्षमता

(एंप्लॉयबिलिटी) को तय कर मनोयोगपूर्वक परीक्षा की तैयारी में जुट जाते हैं।

यदि आपने सरकारी या निजी क्षेत्र में कोई करियर विकल्प प्राप्त कर लिया है या सोच लिया है तो इससे तनाव-मुक्त और दबाव-मुक्त तैयारी करने में भारी मदद मिलती है। आपने मेरी कहानी समेत तमाम उपर्युक्त कहानियों में देखा कि रोज़गार की संभावना/निश्चितता के बाद अभ्यर्थी के लिए सफलता की राह पहले से अधिक आसान हो गई। अतः मुझे लगता है कि *अपना बेस्ट देने के बाद भी निगेटिव नतीजों के लिए ख़ुद को तैयार रखना आपको मज़बूत और सक्षम बनाता है।* अँग्रेज़ी में एक बड़े काम की और समझदारी भरी कहावत है—

Try for the best, Prepare for the worst.

मैंने अनेक बार ऐसा भी महसूस किया है कि कुछ साथी उस समय आकर मेहनत करना बंद कर देते हैं, जब वे सफलता के काफ़ी क़रीब होते हैं। जब हम सफलता के काफ़ी नज़दीक होते हैं, तब हम निराश होकर प्रयास करना ही छोड़ देते हैं। थॉमस अल्वा एडीसन ने लिखा है—

Many of life's failure are people, who did not realise how close they were to success when thew gave up.

उपर्युक्त कहानियों में एक और कॉमन बात है, जो मुझे बेहद आकर्षित करती है, वह है—'जिजीविषा' यानी निरंतर आगे बढ़ने की प्रबल इच्छा। भारतीय वांग्मय में लिखा है:-

'कुर्वन्नेवेह कर्माणि जिजीविषेच्छतम् समाः।' यानी इस लोक में कर्म करते हुए ही सौ वर्ष जीने की इच्छा करनी चाहिए। *दुनिया में आज तक जितने भी सफल लोग हुए हैं, उनमें एक बात कॉमन है, कुछ बेहतर करने की इच्छा के साथ निरंतर आगे बढ़ते जाना।* यह जिजीविषा ही है, जिसने सफल अभ्यर्थियों का मनोबल और मोटिवेशन लेवल बनाए रखा।

ध्यान रहे कि सिविल सेवा परीक्षा की तैयारी के दौरान असफलता का सामना करने पर ही नहीं, बल्कि उसके अलावा भी अनेक ऐसे अवसर

आते हैं, जब मोटिवेशन की ज़रूरत महसूस होती है। अतः सकारात्मक वातावरण निर्मित करें और नकारात्मकता, अवसाद और कुंठाओं से बचने की कोशिश करें। 'अंत भला, सो सब भला' की कहावत को ध्यान में रखते हुए न भूलें कि—

मुश्किलें सब पर आती हैं,
कोई बिखर जाता है,
कोई निखर जाता है।

अगर किसी असफलता का सामना करना पड़ ही जाए, तो उसे सहज स्वीकार करें, उससे काम के सबक़ सीखें, मुस्कुराएँ, अपने काम में और शिद्दत से जुट जाएँ और आगे बढ़ते जाएँ। कवि विजयदेव नारायण साही की यह मार्मिक कविता मुझे याद आती है:-

सच मानो प्रिय
इन आघातों से टूट- टूटकर
रोने में कुछ शर्म नहीं ,
कितने कमरों में बंद हिमालय रोते है।
मेज़ों से लगकर सो जाते कितने पठार
कितने सूरज गल रहे हैं अंधेरों में छिपकर
हर आँसू कायरता की खीझ नहीं होता।

हमने सफल अभ्यर्थियों के व्यक्तित्व की एक और ख़ासियत देखी है कि उन्होंने संसाधनों की कमी, शारीरिक विकलांगता या अन्य किसी अभाव के बावजूद उसे हावी नहीं होने दिया और अपने सपनों को मरने नहीं दिया। साथ ही उनमें से ज़्यादातर ने असफलता को इस तरह संभाला कि वह सफलता प्राप्त कर उसे भी बख़ूबी संभाल सके। असफलता में विचलित न होने वाले सफलता पाकर उसे ठीक से हैंडिल कर पाते हैं और बिना विचलित हुए आगे की अनवरत यात्रा जारी रखते हैं।

इसलिए मुझे लगता है कि हम छोटी-बड़ी सफलता या असफलता को दिल पर न लें और जिजीविषा के साथ ज़िंदा सपनों को मन में बसाए, आगे

बढ़ने और कुछ बेहतर करने की इच्छा को बनाए रखते हुए सकारात्मक सोच से आगे बढ़ें, तो निश्चय ही हमें अपने प्रयासों में वांछित सफलता मिलने की संभावना बहुत सीमा तक बढ़ जाएगी।

इसलिए कुछ भी करें, पर किसी भी क़ीमत पर कर्तव्यपथ से न भागें। हिंदी फ़िल्म 'इम्तिहान' का ये गीत गुनगुनाते जाएँ, व्यस्त और मस्त रहते हुए आगे बढ़ते जाएँ:-

रुक जाना नहीं, तू कहीं हार के,
काँटों पे चल के, मिलेंगे साए बहार के।

सितारों के आगे जहां और भी है...

ज़िंदगी एक सतत यात्रा है। इसीलिए कहा जाता है कि चलती का नाम ज़िंदगी है। रुका हुआ पानी सड़ जाता है जबकि गतिमान पानी निरंतर स्वच्छ और निर्मल बने रहते हुए प्रवाहित होता जाता है। अँग्रेज़ी में भी एक कहावत है– 'Success is a journey, not a destination.'

जीवन में आगे बढ़ने और कुछ कर गुज़रने की ललक हर किसी में होती है और होनी भी चाहिए। हर कोई जीवन में कुछ नया, कुछ बड़ा और कुछ ख़ास करना चाहता है। ख़ासकर युवावस्था में तो आगे बढ़ने और कुछ कर गुज़रने का ये जज़्बा अपने उफ़ान पर होता है। हर कोई युवा सफलता के शिखर पर तो पहुँचना चाहता ही है, और साथ ही उस शिखर पर बने रहना भी चाहता है।

यूँ तो सफलता की कोई तय परिभाषा नहीं है और न ही ऐसी कोई परिभाषा गढ़ी जा सकती है, पर फिर भी मोटे तौर पर इतना तो कहा ही जा सकता है कि अगर आप किसी सम्मानजनक आजीविका (जॉब/बिज़नेस आदि) से अपना ठीक-ठाक जीवन-यापन कर रहे हैं और अपने

पारिवारिक व सामाजिक जीवन से कमोबेश संतुष्ट हैं, तो आप सफल हैं। अगर आपकी अपने काम या स्वभाव/व्यवहार के चलते अच्छी प्रतिष्ठा और पहचान भी है तो सोने पर सुहागा। इसके साथ-साथ अगर आप निजी जीवन और अंतर्मन के स्तर पर भी शांत और सहज हैं, तो आपसे ख़ुश और सफल शायद ही कोई हो।

यहाँ मुझे माज़लो का 'आवश्यकताओं का पिरामिड' (Maslow's Need Hierarchy Theory) ध्यान आता है। इस दिलचस्प पिरामिड में पाँच आवश्यकताएँ शामिल हैं;-

सबसे बुनियादी आवश्यकता है दैहिक आवश्यकता, जैसे भूख-प्यास आदि।

मनुष्य की इस बुनियादी ज़रूरत की पूर्ति के बाद नंबर आता है सुरक्षा की आवश्यकता का। यानी व्यक्ति उसके भीतर डर पैदा करने वाली स्थितियों से निपट सके।

इसके बाद तीसरी महत्त्वपूर्ण आवश्यकता है प्रेम और लगाव (attachment) की। इसमें रिलेशनशिप और साथ निभाने (togetherness) की ज़रूरतें शामिल हैं।

इन तीनों ज़रूरतों की पूर्ति के बाद जो ज़रूरत व्यक्ति को महसूस होती हैं, वह है आत्मसम्मान और सार्थकता के एहसास की।

सबसे अंत में आती है आत्मानुभूति की आध्यात्मिक आवश्यकता।

आदर्श स्थिति यह हो सकती है कि यदि कोई व्यक्ति चार आवश्यकताएँ कमोबेश पूरी कर कभी-कभी पाँचवीं आवश्यकता के क़रीब पहुँच जाता है, तो वह सफल है। व्यावहारिक रूप में, अगर आप ज़्यादा महत्त्वाकांक्षी नहीं हैं और आप इनमें से शुरू की तीन आवश्यकताएँ भी पूरी कर लेते हैं, तो आप जीवन में ठीक-ठाक सफल माने जा सकते हैं।

ऊपर लिखे हुए सफलता के लक्षणों को पाने के लिए जीवन में कोई ख़ास पद प्राप्त करना ज़रूरी नहीं है। कोई व्यक्ति, चाहे वह नौकरीपेशा हो या व्यवसायी, खेती-किसानी से जुड़ा हो या अधिकारी, पत्रकार हो या शिक्षक; वह उक्त आवश्यकताओं की पूर्ति कहीं भी रहकर कर सकता है और तमाम लोग ऐसा करते भी हैं।

सफलता की इस चर्चा के बीच अगर भारत की हिंदी पट्टी के लाखों युवाओं के विशेष संदर्भ में बात करें, तो प्रतियोगी परीक्षाएँ (आई.आई. टी., नीट, क्लैट, कैट, नेट-जेआरएफ़ और यूपीएससी आदि) उत्तीर्ण करना या उनमें टॉप करने का सपना लगभग हर युवा की आँखों में तैरता देखा जा सकता है।

तमाम कैरियर विकल्पों की मौजूदगी के बावजूद सिविल सेवा परीक्षा (आई.ए.एस.) उत्तीर्ण कर अधिकारी बनने का ज़बर्दस्त चार्म युवाओं में है। सरकारी सेवा में बढ़ती चुनौतियों और जवाबदेही के बावजूद यह आकर्षण घटा नहीं है, बल्कि अब यह आकर्षण देश के लगभग सभी हिस्सों में फैल-सा गया है। पहले जहाँ सिविल सेवाओं के अधिकारी यू.पी.-बिहार से अत्यधिक संख्या में चुने जाते थे, वहीं अब पूर्वोत्तर और गुजरात और जम्मू-कश्मीर जैसे राज्यों से भी अधिकारी सलेक्ट हो रहे हैं। राजस्थान, तमिलनाडु, कर्नाटक, महाराष्ट्र आदि राज्यों से प्रतिवर्ष काफ़ी युवा आई.ए.एस.आदि सिविल सेवाओं में एंट्री ले रहे हैं।

इन सिविल सेवाओं में कुछ तो ऐसा है जो हर आय वर्ग, हर जाति-धर्म, हर क्षेत्र-भाषा के लोगों को अपनी ओर खींचता है। मुझे लगता है कि आई.ए.एस./आई.पी.एस. आदि सेवाओं के कार्यक्षेत्र का व्यापक दायरा, काम के विविधतापूर्ण अवसर, जनता से सीधे जुड़ाव व एक्सपोज़र, ज़बर्दस्त सामाजिक प्रतिष्ठा और राष्ट्र निर्माण में सीधे योगदान का मौक़ा आदि, कुछ ऐसे कारण हैं, जो इस ज़माने में भी युवाओं के सपनों में सिविल सेवाओं को ख़ास जगह देते हैं।

अपने भीतर आई.ए.एस.अफ़सर बनने का यह जुनून लिए हर साल हज़ारों-लाखों युवा तैयारी के लिए दिल्ली या फिर जयपुर, इलाहाबाद, लखनऊ, पटना, इंदौर, चेन्नई, बेंगलुरु, हैदराबाद आदि शहरों का रुख़ करते हैं। इस थीम पर नीलोत्पल मृणाल का नॉवल 'डार्क हॉर्स' और पंकज दुबे का नॉवल 'लूज़र कहीं का' चर्चित भी हुए हैं।

कुछ युवा दिल्ली या किसी बड़े शहर का रुख़ करते हैं तो कुछ अपने होम टाउन में रहकर पढ़ाई या नौकरी के साथ-साथ इस परीक्षा की तैयारी करते हैं। हालाँकि इन दिनों इंटरनेट पर भरपूर सामग्री उपलब्ध होने से

बिना कोचिंग के सफल होने वाले युवाओं की संख्या बढ़ी है, पर फिर भी तैयारी के लिए अभ्यर्थी कोचिंग-किताबों-हॉस्टल आदि पर घर वालों का ठीक-ठाक पैसा भी ख़र्च करते हैं। कुछ अभ्यर्थी दो-तीन साल का समय इस परीक्षा की तैयारी पर देते हैं, तो कुछ लोग अंतहीन ढंग से पंचवर्षीय योजना-सी बना डालते हैं।

मैंने अक्सर ऐसा महसूस किया है कि मध्य वर्गीय, निम्न-मध्यम वर्गीय या कमज़ोर आर्थिक पृष्ठभूमि के अभ्यर्थी इस बात को लेकर काफ़ी उलझन और तनाव में रहते हैं कि अगर यू.पी.एस.सी. में चयन नहीं हुआ तो क्या होगा, फिर मैं क्या करूँगा ? घरवालों को क्या मुँह दिखाऊँगा ? ज़िंदगी कैसे चलेगी, आदि आदि। कुछ ऐसे अभ्यर्थी भी होते हैं, जो जोश नहीं, जुनून की हद तक तनाव लेकर, दुश्चिंता (anxiety) या आसक्ति (Possessiveness) के शिकार हो जाते हैं। कुछ लोगों को लगता है, अगर मैं आई.ए.एस. नहीं बना तो फिर मेरा जीवन व्यर्थ है या फिर उसके बाद मेरे जीवन का कोई लक्ष्य ही नहीं है।

ये युवा ऐसा इसलिए सोच रहे होते हैं, क्योंकि उन्होंने कभी कोई ठीक-ठाक कैरियर विकल्प नहीं सोचा होता या उनके पास कोई एंप्लॉयबिलिटी नहीं होती। यद्यपि मैं इस बात से सहमत हूँ कि यू.पी.एस.सी. की परीक्षा में सफल होने के लिए संकल्प, दृढ़ता, लगन और एकाग्रता होना अनिवार्य है; पर मुझे यह भी लगता है कि अगर आपके पास कोई सम्मानजनक करियर ऑप्शन है तो फिर आप व्यर्थ के तनाव, अवसाद, अटकलों और उलझनों से बहुत सीमा तक बच सकते हैं।

अगर आपके पास कैरियर विकल्प है या आपको मालूम है कि मेरे पास इतनी अर्हता (eligibility) या रोज़गार पाने की योग्यता (employability) है कि यदि किसी बुरी स्थिति में यू.पी.एस.सी. में मेरा चयन न हो सके तो भी मैं एक सम्मानजनक रोज़गार अपनाकर एक अच्छा और गरिमापूर्ण जीवन बिता सकता हूँ, तो निश्चित तौर पर आप काफ़ी हलका महसूस करेंगे और आपको एक ख़ास क़िस्म का सुकून व बेफ़िक्री का एहसास होगा। आप एक बार ख़ुद ही सोचें कि अगर ऐसा हो तो आप कितने तनाव मुक्त हो जाएँगे।

यद्यपि यह अनिवार्य नहीं है कि यू.पी.एस.सी. की तैयारी करने के लिए एक कैरियर विकल्प होना ही चाहिए। तमाम ऐसे उदाहरण हैं, जब कुछ युवा अभ्यर्थियों ने यू.पी.एस.सी. को एकमात्र विकल्प मानकर तैयारी की और सफल भी रहे; पर इस बात में पर्याप्त समझदारी है कि परीक्षा की अनिश्चितता और गलाकाट प्रतिस्पर्धा को देखते हुए रोज़गार (employment) या रोज़गार पाने की क्षमता (employability) अर्जित कर ली जाए, अन्यथा उस स्थिति की कल्पना करके देखिए, जब पढ़ाई से ज़्यादा आपका समय इस टेंशन में ही बीत रहा हो कि यदि सेलेक्शन नहीं हुआ तो क्या होगा ? घरवालों और दोस्तों से होने वाली बात-चीत हो या रात को सताने वाले सपने, हर ओर आप तनाव और दुश्चिंता से घिरे हैं। अतः बेहतर यही है कि तमाम चिंताओं से मुक्त रहकर तनाव-मुक्त और दबाव-मुक्त होकर, सहज रहकर तैयारी करें।

चलती का नाम ही ज़िंदगी है और ज़िंदगी कभी थमती नहीं है, अतः कैरियर विकल्प मन में रखना एक बेहतरीन तरीक़ा हो सकता है। आइए, हम कुछ ऐसी परीक्षाओं या करियर विकल्पों की चर्चा करते हैं, जिन्हें आप अपने यू.पी.एस.सी. की तैयारी के साथ-साथ या सफल न हो सकने की दशा में अपनाकर एक बेहतर जीवन बिता सकते हैं। इसी को 'बैकअप प्लान' भी कहते हैं। एक मशहूर कहावत भी है—

"Don't put all eggs in one basket." यानी सारे रास्ते एक ही विकल्प तक सीमित करके नहीं रखने चाहिए। लिहाज़ा ज़रूरी है कि आप अपनी अभिरुचियों, महत्त्वाकांक्षाओं और योग्यताओं के अनुरूप वैकल्पिक कैरियर विकल्प भी तलाश लें। इस संबंध में कुछ महत्त्वपूर्ण काम की बातें इस प्रकार हैं—

(I) यू.पी.एस.सी. की अन्य प्रतियोगी परीक्षाएँ—सिविल सेवा परीक्षा के अभ्यर्थी अपनी अर्हता (eligibility) और अभिरुचि (aptitude) के अनुरूप संघ लोक सेवा आयोग द्वारा प्रायः प्रतिवर्ष आयोजित की जाने वाली अन्य प्रतियोगी परीक्षाओं, जैसे—

(i) भारतीय वन सेवा (IFoS)

(ii) भारतीय इंजीनियरिंग सेवा (IES)

(iii) भारतीय सांख्यिकी सेवा (ISS)

(iv) भारतीय आर्थिक सेवा (IES)

(v) केंद्रीय चिकित्सा सेवा (CMS)

(vi) स्पेशल क्लास रेलवे अप्रेंटिस (SCRA)

(vii) केंद्रीय पुलिस बल, सहायक कमांडेंट (CAPF)

आदि की भी परीक्षा दे सकते हैं। उपर्युक्त सभी परीक्षाएँ भारत सरकार की ग्रुप 'ए' सेवाएँ हैं, जो एक बेहद प्रतिष्ठित व चुनौतीपूर्ण कैरियर विकल्प उपलब्ध कराती हैं।

(II) राज्य लोक सेवा आयोग (State PSCs) की परीक्षाएँ— भारत के राज्यों के लोक सेवा आयोग भी अपनी राज्य सिविल सेवा परीक्षा आयोजित करने के साथ-साथ ग्रुप 'ए' एवं ग्रुप 'बी' के विभिन्न राजपत्रित/गैरराजपत्रित पदों के लिए परीक्षाएँ आयोजित करते हैं। हिंदी पट्टी के अभ्यर्थियों के लिए उत्तर प्रदेश, राजस्थान, बिहार, उत्तराखंड, मध्य प्रदेश, छत्तीसगढ़, झारखंड, हरियाणा, हिमाचल प्रदेश राज्यों की सिविल सेवा परीक्षाओं की तैयारी का विकल्प है। इसके अतिरिक्त राज्यों के लोक सेवा आयोग अन्य पदों के लिए भी समय-समय पर विज्ञापन निकालते हैं।

मेरा मानना है कि कोई भी अभ्यर्थी यू.पी.एस.सी. सिविल सेवा की तैयारी के साथ-साथ अपने गृह राज्य की राज्य सिविल सेवा परीक्षा (पी.सी.एस.) की भी तैयारी कर सकता है। मैंने भी उत्तर प्रदेश पी.सी.एस. परीक्षा की तैयारी की थी। प्रायः सभी राज्यों में उनकी राज भाषा का भी एक पेपर होता है।

(III) अन्य विविध प्रतियोगी परीक्षाएँ—उपर्युक्त लोक सेवा आयोग के अतिरिक्त केंद्र व राज्य सरकारों के अनेक बोर्ड/आयोग विभिन्न पदों पर भरती के लिए परीक्षाएँ आयोजित करते हैं—

(i) भारतीय संसद (संयुक्त भरती प्रकोष्ठ) (JRC)

(ii) SSC—कर्मचारी चयन आयोग की CGL परीक्षा

(iii) DSSSB (दिल्ली अधीनस्थ सेवा चयन बोर्ड)

(iv) RRBs (रेलवे भर्ती बोर्ड)

(v) SBI व IBPS (बैंकिंग) आदि।

उपर्युक्त और इनके अतिरिक्त अन्य प्रतियोगी परीक्षाएँ भी सम्मानजनक कैरियर का विकल्प उपलब्ध कराती हैं। इनमें प्रायः चार विषय—सामान्य जानकारी (GK), अँग्रेज़ी, रीज़निंग और अंकगणित के प्रश्न पूछे जाते हैं, जो कुछ हद तक यू.पी.एस.सी. के सी-सैट से मेल खाते हैं।

(IV) अन्य वैकल्पिक कैरियर विकल्प—सिविल सेवा परीक्षा की तैयारी के इच्छुक या उसका बैकअप प्लान तैयार कर रहे अभ्यर्थियों के लिए अन्य आकर्षक कैरियर विकल्प हैं—

(i) UGC-NET-JRF (शिक्षण व शोध कार्य)—यह एक बेहद सम्मानजनक कैरियर है। नेट पास कर आप यूनिवर्सिटी या कॉलेज में असिस्टेंट प्रोफ़ेसर के लिए आवेदन कर सकते हैं। जेआरएफ़ भी पास होने पर रिसर्च (एम.फ़िल/पीएचडी) के लिए फ़ेलोशिप मिलती है।

(ii) मीडिया व जनसंचार

(iii) विज्ञापन व जनसंपर्क

(iv) रेडियो व टी.वी.

(v) भाषांतरण/अनुवाद व क्रिएटिव राइटिंग,

(vi) आप स्वयं उद्यमी बनकर अपना व्यवसाय भी कर सकते हैं और दूसरों को रोज़गार देकर राष्ट्र-निर्माण में अपनी भूमिका अदा कर सकते हैं।

(vii) एक अन्य उभरता हुआ कैरियर विकल्प है—समाज कार्य (Social work)। आप किसी अच्छे एन.जी.ओ. से जुड़कर या पार्ट टाइम जॉब करके न केवल कुछ अर्जित कर सकते हैं, बल्कि समाज के विकास में अपना योगदान भी दे सकते हैं। अनेक अभ्यर्थी मुख्य परीक्षा देने के बाद और इंटरव्यू से पहले सामाजिक अनुभव प्राप्त करने के लिए समाज-सेवा से जुड़ भी जाते हैं।

(V) डिप्लोमा/पोस्ट ग्रेजुएशन/रिसर्च या आगे की पढ़ाई—कुछ अभ्यर्थी सिविल सेवा परीक्षा की तैयारी के दौरान या उसके बाद डिस्टेंस एजुकेशन के माध्यम से अपनी आगे की पढ़ाई भी जारी रखते हैं। इससे तीन फ़ायदे होते हैं—पहला, आप अपने ख़ाली माने जाने वाले वर्षों का

प्रोफ़ाइल तैयार कर पाते हैं; दूसरे, अपने ऑप्शनल सब्जेक्ट या जी.एस. में भी मदद मिल सकती है और तीसरा, डिग्री/डिप्लोमा प्राप्त हो जाने से एंप्लॉयबिलिटी व आत्मविश्वास बढ़ता है। मैंने भी इग्नू (IGNOU) से पी.जी.डी.टी. (अनुवाद में स्नातकोत्तर डिप्लोमा) प्राप्त किया था। उसके बाद संसद में ट्रांसलेटर की नौकरी भी की थी।

डिस्टेंस लर्निंग के लिए इंदिरा गांधी राष्ट्रीय मुक्त विश्वविद्यालय (इग्नू) सर्वश्रेष्ठ विकल्प है। इग्नू के कोर्सों की अध्ययन सामग्री उत्कृष्ट स्तर की होती है और किसी भी ऑप्शनल सब्जेक्ट की तैयारी में मदद कर सकती है। इग्नू के अधिकांश पी.जी. कोर्स हिंदी मीडियम में भी उपलब्ध हैं। वैसे राज्यों के मुक्त विश्वविद्यालयों से डिस्टेंस लर्निंग कोर्सों का भी विकल्प उपलब्ध है; जैसे—उ.प्र. राजर्षि टंडन मुक्त विश्वविद्यालय, इलाहाबाद; वर्धमान महावीर मुक्त विश्वविद्यालय, कोटा तथा अन्य राज्यों की ओपन यूनिवर्सिटी आदि।

उपर्युक्त के अतिरिक्त कोई मान्यता प्राप्त कंप्यूटर कोर्स भी किया जा सकता है। पी.जी. डिप्लोमा इन कंप्यूटर एप्लिकेशंस (PGDCA) या DOEACC के कोर्स अच्छे विकल्प हो सकते हैं।

ध्यान रहे कि इन सब वैकल्पिक कैरियर विकल्पों में उलझकर कंफ़्यूज़ नहीं होना है। ऐसा न हो कि आप बहुत सारे विकल्प अपनाने के चक्कर में मुख्य व प्राथमिक क्षेत्र से विचलित हो जाएँ। ये ढेर सारे आकर्षक कैरियर/स्टडी विकल्प मैंने इसलिए बताए हैं, ताकि आप यह समझ पाएँ कि *'सितारों के आगे जहां और भी है'* और किसी दिन-विशेष पर किसी परीक्षा-विशेष में असफल रहने से ज़िंदगी रुकती या थमती नहीं है। 'चरैवेति-चरैवेति' का मंत्र अपनाते हुए निरंतर चलते जाना ही जीवन है।

नई शुरुआत, नये संकल्प

हर नई सुबह, हर नया हफ़्ता, हर नया महीना और हर नया साल ख़ुद में नई ऊर्जा, नई उम्मीदों और नई आकांक्षाओं को समेटे हुए, गुज़रे वक़्त के तनावों और अवसादों से मुक्त एक नई शुरुआत की उम्मीद लेकर आता है।

आप देखते ही हैं न्यू ईयर पर अख़बार, टी.वी., सोशल मीडिया, सब ओर संकल्पों (resolutions) की बाढ़ आ जाती है।

हम भी इसी उत्साह में कुछ पुरानी आदतों से छुटकारा पाने और नई आदतों को गले लगाने का संकल्प करते हैं, ताकि हम भी इस नये वक़्त में किसी से पीछे न छूट जाएँ। साथ ही, ये संकल्प करते वक़्त ऐसा लगता है कि अब एक नई ज़िंदगी की शुरुआत होगी और हम कल से ही यकायक इन सारे नये संकल्पों का अक्षरशः पालन करना शुरू कर देंगे। यह उम्मीद तो होती है, कि अब इस नये जीवन में पुरानी पीड़ाओं और मुसीबतों से छुटकारा मिलेगा, और जीवन में सफलता व ख़ुशियों का नव उत्कर्ष भी होगा।

किसी कवि ने बहुत ख़ूब लिखा भी-

सुखों की कल्पनाएँ हैं, सृजन के गीत लाए हैं,
तुम्हारे वास्ते मन में, बहुत शुभकामनाएँ हैं,
तुम्हारी ज़िंदगी में कल न कोई पल घटे ऐसा,
उदासी में जो पल पिछले दिनों तुमने बिताए हैं।

क्या कभी आपने यह भी सोचा है कि पिछले साल नववर्ष के अवसर पर आपने जो संकल्प (resolutions) लिए थे, उनकी प्रगति रिपोर्ट क्या है? मतलब उनमें से कितने संकल्प व्यवहार में परिणत हुए और कितने ठंडे बस्ते में चले गए। जिस तरह रेल बजट में हर साल नई-नई रेलगाड़ियों की घोषणा के साथ-साथ पिछले बजटों में घोषित रेलगाड़ियों का समयबद्ध संचालन भी ज़रूरी है; उसी तरह नये साल पर नये संकल्प संजोने के साथ-साथ पुराने सालों के पुराने से पड़ गए संकल्पों को व्यावहारिक धरातल पर उतरना भी। बशर्ते कि वे पुराने संकल्प अब भी काम के हों और प्रासंगिक भी हों।

चाहे आप पुराने संकल्प व्यवहार में उतार पाएँ या नहीं, पर फिर भी नया वर्ष नये संकल्पों का उत्साह साथ लाता ही है। लिहाज़ा नये साल में नये संकल्पों के बारे में सोचना बेहद स्वाभाविक भी है और आपकी जीवंतता का प्रतीक भी। मैं भी पिछले कई सालों से न्यू ईयर रेज़ोल्यूशन लेता रहा हूँ और इस बार भी लूँगा। अंतर बस इतना ही होता है, कि हर साल हमारी प्राथमिकताएँ और ज़रूरतें बदलती जाती हैं।

आइए, बात करते हैं 10 ऐसे संकल्पों की, जो हर युवा अभ्यर्थी के लिए प्रेरक हो सकते हैं, और जिन्हें व्यवहार में उतारना ज़्यादा मुश्किल भी नहीं है। आइए नये साल का इंतज़ार किए बग़ैर आज की इस नई सुबह से ही इन नये संकल्पों को दिल से लगाकर अपना लें:-

1. जीवन में 'निरंतरता' को अपनाने की कोशिश करें। कोई अच्छा काम या अच्छी आदत शुरू करके उसे जारी रखना भी सीखें। अच्छी आदतों को sustain करें।
2. हल्की-सी मुस्कान हमेशा बनाए रखें। इससे आपको मुसीबत

का सामना करने और नित आगे बढ़ते जाने में मदद मिलेगी। 'Never Never Never Give up'

3. आज की ख़ुशी को आज ही enjoy करना सीखें। ख़ुशियों को कल पर न टालें। *वर्तमान में जीने की आदत डालें, अतीत से सीखते रहें और भविष्य की दिशा में क़दम बढ़ाते जाएँ।*
4. छोटे-छोटे लक्ष्य बनाए और उनके पूरा होने पर मिलने वाली ख़ुशियों को महसूस करें। इन छोटी-छोटी ख़ुशियों को सेलिब्रेट करना न भूलें।
5. जीवन में दूसरों के विचारों का सम्मान करने की आदत विकसित करें। 'अनेकांतवाद' से उपजे धैर्य और सहिष्णुता जैसे गुण आपके व्यक्तित्व की मेच्योरिटी को बढ़ाएँगे। विचारों की अति (extreme) से बचते हुए 'मध्यम मार्ग' अपनाएँ।
6. भरपूर पुरुषार्थ करें पर फल (परिणाम) को लेकर बहुत ज़्यादा चिंतित न हों। नतीजों में आसक्त (attach) न होकर 'निष्काम कर्मयोग' को विकसित करने का अभ्यास करें।
7. नए दोस्त बनाएँ पर पुराने रिश्तों को भी निभाना सीखें। *'लाख मुश्किल ज़माने में है, रिश्ता तो बस निभाने में है।'* यानी परिवार और दोस्तों के साथ 'क्वॉलिटी टाइम' बिताएँ।
8. एक-दूसरे के काम आएँ और परस्पर सहयोग की आदत विकसित करें। तत्वार्थ सूत्र में लिखा भी है- 'परस्परोपग्रहो जीवानाम्'।
9. कोशिश करें कि किसी ज़रूरतमंद की मदद कर पाएँ। 'Joy of Giving' यानी देने के सुख का कोई मुक़ाबला नहीं है। किसी के चेहरे पर मुस्कान लाने पर आपको जो संतोष मिलेगा, वह अतुल्य है। मिसाल के तौर पर, वक़्त मिलने पर अगर आप किसी ज़रूरतमंद बच्चे को पढ़ाते हैं, तो यह उसके जीवन में बड़ा बदलाव भी ला सकता है।
10. अपनी रुचियों/शौक़/हॉबीज़ को जिएँ। जीवन बहुत सुंदर है। 'डियर ज़िंदगी' से प्यार करना सीखें। हमेशा कुछ नया सीखने की ललक बनाए रखें। सीखने में हिचकिचाएँ नहीं और श्रेष्ठ विचारों

को सभी दिशाओं से आने दें। ऋग्वेद में लिखा भी है- *'आ नो भद्रा क्रतवो यंतु विश्वतः।'*

ये उपर्युक्त दस संकल्प रातोंरात विकसित नहीं होंगे। मैं भी निरंतर इनका अभ्यास करता हूँ। आप भी इन्हें प्रैक्टिस में लाएँ, फिर देखिए, आपका जीवन कितना ऊर्जावान, सुखमय और सहज होता जाएगा।

अंत में इसी सकारात्मकता से भरपूर मेरी एक कविता, जो मैंने अपने तैयारी के दिनों में लिखी थी:-

सकारात्मक सोच

सकारात्मक सोच संग उत्साह और उल्लास लिए,
जीतेंगे हर हारी बाज़ी, मन में यह विश्वास लिए।

ऊहापोह-अटकलें-उलझनें, अवसादों का कर अवसान,
हों बाधाएँ कितनी पथ में, चेहरों पर बस हो मुस्कान।

अंतर्मन में भरी हो ऊर्जा, नई शक्ति का हो संचार,
डटकर, चुनौतियों से लड़कर, जीतेंगे सारा संसार।

लें संकल्प सृजन का मन में, उम्मीदों से हो भरपूर,
धुन के पक्के उस राही से, मंज़िल है फिर कितनी दूर।

जगें ज्ञान और प्रेम धरा पर, गूँजे कुछ ऐसा संदेश,
नई चेतना से जागृत हो, सुप्त पड़ा यह मेरा देश।

मेरी कहानी : यूँ ही चला चल राही...

'जब आप कोई चीज़ शिद्दत से पाना चाहते हैं और समय-समय पर मिलने वाले संकेतों को फ़ॉलो करते हुए आगे बढ़ते जाते हैं तो पूरी कायनात आपकी मदद करने में जुट जाती है।' मुझे लगता है पाओलो कोएलो की मशहूर किताब 'अलकेमिस्ट' का यह संदेश मेरी संघर्ष यात्रा और सफलता की अनकही कहानी पर बख़ूबी फिट बैठता है।

पुराने शहर के एक मोहल्ले के एक साधारण परिवार में जन्मा। दादाजी कचहरी में पेशकार की नौकरी करते थे। हद दर्जे के ईमानदार आदमी। सुबह खाना लेकर घर से कचहरी पैदल जाते और आते। हिंदी-अँग्रेज़ी-उर्दू तीनों भाषाओं पर अच्छा अधिकार था उनका। दादी ज़्यादा पढ़ी-लिखी तो नहीं थीं, पर पढ़ाई और ज्ञान की क़ीमत बख़ूबी समझती थीं। मेरे पिताजी

चार भाइयों में दूसरे नंबर पर थे। एक प्राइवेट नौकरी करते और जो मिलता, उसी में संतुष्ट रहना उनकी फ़ितरत थी। माँ को भी कम ख़र्च में घर चलाना बख़ूबी आता था। कुल मिलाकर एक साधारण से निम्न-मध्यम वर्गीय परिवार में पला-बढ़ा। पापा हाई स्कूल तक जैसे-तैसे पढ़े थे पर माँ अपने ज़माने की ग्रेजुएट थीं। लिहाज़ा घर में पढ़ाई-लिखाई पर काफ़ी ज़ोर था। हम तीन भाई-बहनों में मैं मझला हूँ।

उन दिनों की बात है जब मैं आठवीं या नौवीं कक्षा में पढ़ता था। हम राशन की सरकारी पी.डी.एस. दुकान पर सामान लेने जाते थे। दुकानदार ज़्यादातर ग़ायब रहता था। गोल-मोल के क़िस्से भी सुनते थे हम उसके। मैं पीले राशन कार्ड को पढ़ता था तो नीचे लिखा होता था—'खाद्य और रसद अधिकारी'। मैं सोचता कि यदि अधिकारी बनकर अनियमितताओं और विसंगतियों को दूर किया जा सकता है तो मुझे भी अधिकारी बनना है। घर पर बताया भी। बात आई-गई हो गई।

उस दौर में, मेरठ में एक ज़िलाधिकारी (डीएम) रहे थे लोकप्रिय आई.ए.एस. अधिकारी श्री अवनीश अवस्थी। मुझे अख़बार पढ़ने का शौक़ तब भी था। रोज़ अख़बार में पढ़ता कि आज उन्होंने क्या-क्या अच्छे काम किए। मेरा किशोर मन उनकी पहलों, सुधारों और काम-काज से काफ़ी प्रभावित था। अब मेरे मन में यह बात घर करने लगी थी कि मुझे भी कलेक्टर बनना है। भैया ने बताया कि इसके लिए आई.ए.एस. की परीक्षा पास करनी होगी, जो बहुत मुश्किल होती है। वक़्त बीतता गया।

ख़ैर, कॉमर्स स्ट्रीम से बारहवीं कक्षा उत्तीर्ण की हिंदी मीडियम के एक सरकारी इंटर कॉलेज से। सौभाग्य से ज़िले में सबसे ज़्यादा अंक भी हासिल किए। हालाँकि मुझे साइंस और कॉमर्स भी अच्छे लगते थे, पर शुरू से ही मुझमें ह्यूमैनिटीज़ के विषयों जैसे सामाजिक विज्ञानों और भाषा-साहित्य को लेकर एक प्राकृतिक रुझान-सा था। 11वीं-12वीं कक्षा तक यह बात मुझे समझ आने लगी थी। उधर चूँकि आई.ए.एस. की तैयारी का सपना भी ज़ोर मार रहा था और हिंदी पट्टी क्षेत्र में उन दिनों यह धारणा भी थी कि आर्ट्स स्ट्रीम के छात्र UPSC में बेहतर प्रदर्शन करते हैं। जहाँ मेरे सारे दोस्त सी.ए. (चार्टर्ड एकाउंटेंट) का फ़ॉर्म भर रहे थे, वहाँ मैंने तथा

मेरे दो और दोस्तों ने निर्णय लिया कि हम मेरठ कॉलेज से बी.ए. करेंगे। दिल्ली या इलाहाबाद यूनिवर्सिटी जाने के बारे में इसलिए नहीं सोच पाए, क्योंकि वहाँ बाहर रहकर पढ़ने के ख़र्चे काफ़ी ज़्यादा होंगे।

इस तरह इतिहास, राजनीति विज्ञान और इंग्लिश लिटरेचर विषयों के साथ ग्रेजुएशन किया और हिंदी लिटरेचर में पोस्ट ग्रेजुएशन। मेरठ कॉलेज के दिन बेहद यादगार रहे। पढ़ाई के साथ एक्स्ट्राकरिकुलर एक्टिविटी में हम बहुत व्यस्त रहते थे। ग्रेजुएशन के दौरान तो मैंने दर्जनों राष्ट्रीय व राज्य स्तर के वाद-विवाद, निबंध, कविता पाठ, क्विज़ प्रतियोगिताओं में हिस्सा लिया और ज़्यादातर में शीर्ष स्थान भी पाया। एन.सी.सी. और एन.एस.एस. में भी बढ़-चढ़कर हिस्सा लिया। मुझे याद है कि कैसे राष्ट्रीय सेवा योजना के कैंप में हमने घर-घर जाकर लोगों के इस्तेमाल में न आनेवाली दवाओं को ज़रूरतमंद लोगों के लिए इकट्ठा किया था। मेरठ कॉलेज की वार्षिक पत्रिका 'अभिव्यक्ति' में लगातार छात्र-संपादक रहा। भरपूर एक्सपोज़र मिला और भरपूर कॉन्फ़िडेंस भी। इस सबके बावजूद यूनिवर्सिटी की मेरिट लिस्ट में स्थान भी मिल गया।

मेरठ कॉलेज के शिक्षकों को भी मैं कभी नहीं भूलता। ख़ास तौर पर हमारे प्रिंसिपल डॉ.एस.के.अग्रवाल और हिंदी विभाग के शिक्षक डॉ. रामयज्ञ मौर्य। ग्रेजुएशन में हालाँकि हिंदी, संस्कृत, उर्दू और दर्शनशास्त्र मेरे विषय नहीं थे, पर इन विषयों में मेरी रुचि के चलते मेरा इन विभागों में आना-जाना ख़ूब रहता। प्रिंसिपल सर जैसे कर्मठ और सहृदय व्यक्ति आसानी से नहीं मिलते। सकारात्मक मोटिवेशन देना तो कोई उनसे सीखे। जब मैं और मेरा साथी डिबेट में पहला पुरस्कार और शील्ड जीतकर लौटे तो पूरे स्टाफ़ को अपनी जेब से जलेबी खिलाकर प्रिंसिपल सर ने हमारा उत्साह कई गुना बढ़ा दिया था।

सपने बड़े थे, पर कुछ आर्थिक समस्याएँ भी थीं। मुझे याद है कि मैं और मेरे दो दोस्त दसवीं कक्षा के बाद से ही लिखने-पढ़ने की कोई पार्ट टाइम जॉब करते रहे थे। जैसे किताबों की प्रूफ़ रीडिंग और क्रिएटिव राइटिंग। इन छोटी-छोटी पार्ट टाइम नौकरियों ने ज़िंदगी के बड़े सबक़ सिखाए। हम तीनों दोस्तों की कहानी कम फ़िल्मी नहीं है। 'थ्री इडियट्स'

की तरह तीनों राही अपने-अपने मन की राह पर चल निकले थे। सुमित का मन लिखने में रमता था तो वतन को कार्टून उकेरना भाता था। मेरा मन पढ़ाई-लिखाई और कविताओं में ज़्यादा रमता था। तीनों ने साथ ग्रेजुएशन की और साथ-साथ ये पार्ट टाइम नौकरियाँ करते रहे। तीनों अपनी-अपनी साइकिल पर शहर की सड़कें नापा करते थे। तीनों साथ मस्तियाँ करते, दुनिया-जहान की दार्शनिक बातें और लाइफ़ के फ़ंडे; सब कुछ डिस्कस होता था हम तीनों दोस्तों के बीच। चलिए अपनी कहानी पर वापिस लौटता हूँ। बाद में तीनों का क्या हुआ, ब्रेक के बाद बताता हूँ।

पोस्ट ग्रेजुएशन के दौरान घटा एक बड़ा दिलचस्प क़िस्सा मैं कभी नहीं भूल पाता और कभी-कभी मुझे लगता है कि यह घटना मेरी ज़िंदगी का टर्निंग पॉइंट बन गई। मेरे एक सहृदय सीनियर थे। वह अक्सर मेरा हाल-चाल पूछते और प्रेरित करते। एक बार उन्होंने मुझसे कहा कि *'किसी बिजली के बल्ब को अगर एक कमरे में ज़मीन के पास लाकर लटका दिया जाए तो वह कितनी रोशनी देगा और यदि उसी बल्ब को ऊपर दीवार पर लटकाया जाए, तब वह कितनी रोशनी देगा।'* उनका संकेत स्पष्ट था, यदि तुममें उच्च स्तर पर जाकर योगदान करने की क्षमता है तो तुम्हें निश्चय ही इसके लिए प्रयास करना चाहिए।

मैंने हिंदी साहित्य विषय से यू.जी.सी. नेट-जे.आर.एफ. परीक्षा की तैयारी शुरू की और पहले प्रयास में सौभाग्य से उत्तीर्ण भी हो गया। उधर दिल्ली यूनिवर्सिटी की एम.फिल. प्रवेश परीक्षा दी और क्वॉलिफ़ाई भी हो गया। बेझिझक डी.यू. में प्रवेश लिया और अपने सपनों को सच करने की उम्मीद लिए आख़िरकार दिल्ली पहुँच ही गया। थोड़ा नॉस्टेल्जिक टाइप का, होमसिक-सा था मैं। देर से ही सही, पर पहली बार घर छोड़कर बाहर (हालाँकि मेरठ से दिल्ली ज़्यादा दूर नहीं है) पढ़ने गया था। मुझे याद है, माँ और घर को मिस करते-करते मेरे मन से एक कविता उपजी थी— *'एक पैग़ाम माँ के नाम'।* वह आपसे साझा कर रहा हूँ, क्योंकि हममें से ज़्यादातर युवा ख़ुद को इस कविता से जोड़ पाएँगे, जो मेरी ही तरह छोटे-छोटे शहरों की ख़ाली-बोर दुपहरों से झोला उठाकर करियर बनाने की चाह लिए बड़े शहरों का रुख़ करते हैं। कविता कुछ इस तरह है-

भावों की तू अजब पिटारी, अरमानों का तू सागर,
नाज़ुक से एहसासों की एक, नर्म-मुलायम-सी चादर।

खट्टी-मीठी फटकारें और कभी पलटकर वही दुलार,
जीवन का हर पल तुझमें माँ, तुझसे है सारा संसार।

जिसकी ख़ातिर सब कुछ वारा, अपनी ख़ुशियाँ जानीं ना,
वक़्त कहाँ उस पर अब माँ, तेरे दुःख-दर्द चुराने का।

उम्मीदों को पंख लगाने, बड़े शहर को निकला जब,
छुपी रुलाई देखी तेरी, प्यार का तब समझा मतलब।

मिट्टी की तू सोंधी ख़ुशबू, संबंधों की नर्म नमी,
नए शहर में हर मुक़ाम पर, बस तेरी ही खली कमी।

हैरत है हर चेहरे पर थे, कई मुखौटे और नक़ाब,
तुझसा भी क्या कोई होगा, चलती-फिरती खुली किताब।

रिश्तों की गरमाहट तुझसे, तुझसे प्यार भरा एहसास,
ले भरपूर दुआएँ अपनी, हरदम थी तू मेरे पास।

किसने कहा फ़रिश्तों के जग में दीदार नहीं होते,
माँ की गोद में एक झपकी, सपने साकार सभी होते।'

डी.यू. में डेढ़ साल की अवधि में मुझे लगता है कि मैंने बहुत कुछ सीखा। दिल्ली विश्वविद्यालय के एकेडमिक माहौल और हिंदी विभाग के शिक्षकों से जीवन एवं सोच के आयामों का विस्तार करने की सीख मिलती। साहित्य-आलोचना जगत् के बड़े-बड़े दिग्गजों का सान्निध्य मिलना, भावभूमि, चेतना और संवेदना का विस्तार करता है।

एम.फिल. के साथ-साथ वर्ष 2013 की संघ लोक सेवा आयोग की सिविल सेवा प्रारंभिक परीक्षा दी और साथ ही अपने गृह राज्य उत्तर प्रदेश के पी.सी.एस. की प्रारंभिक परीक्षा भी। तैयारी भी ठीक-ठाक थी और हौसला भी ज़बरदस्त था। आज तक जीवन की हर एकेडमिक और प्रतियोगी परीक्षा में अच्छे अंक लाकर सफल होता रहा था। पर हुआ कुछ और ही। दोनों ही प्रारंभिक परीक्षाओं में मैं 2 से 5 अंकों के फ़ासले से असफल रहा। यह मेरे लिए शायद पहली बार था कि मैं किसी परीक्षा में असफलता का स्वाद चख रहा था। एक बार को तो ऐसा लगा जैसे सब टूट-सा गया। हिम्मत टूट रही थी और मन अवसाद से ग्रस्त होने लगा था। शायद मैं अपनी असफलता को संभाल नहीं पा रहा था। यह मेरी यात्रा का बेहद कठिन दौर था।

अनिश्चितता बढ़ रही थी और अपने कैरियर को डाँवाँडोल-सा महसूस कर रहा था। उन दिनों एक दिन महानगरीय जीवन के संत्रास पर बैठे-बैठे एक कविता लिख बैठा—'मैं शहर हूँ', जो बाद में 'कादंबिनी' पत्रिका में छपी भी।

मुसकानों का बोझा ढोए,
धुन में अपनी खोए-खोए,
ढूँढ़ता कुछ हर पहर हूँ,
मैं शहर हूँ।

बेमुरव्वत भीड़ में,
परछाइयों की निगहबानी,
भागता-सा हाँफता-सा
शाम कब हूँ, कब सहर हूँ,
मैं शहर हूँ।

सपनों के बाज़ारों में क्या,
ख़ूब सजीं कृत्रिम मुसकानें,
आँखों में आँखें, बातों-में-बातें,

खट्टी-मीठी तानें,
नज़दीकी में एक .फ़ासला,
मन-मन में ही घुला ज़हर हूँ,
मैं शहर हूँ।

मन के नाज़ुक से मौसम में,
भारी-भरकम बोझ उठाए,
काग़ज़ की किश्ती से शायद,
हुआ है अरसा साथ निभाए,
.ख़ुद के एहसासों पर तारी,
हूँ सुकूँ या फिर .क़हर हूँ,
मैं शहर हूँ।

लेकिन इस कठिन वक़्त में मेरा परिवार—विशेषकर मेरे भैया प्रशांत और मेरे कुछ दोस्त—संकटमोचक बनकर सामने आए। मुझे भावनात्मक संबल दिया और साथ ही मुझमें विश्वास भी जताया। मैं कह सकता हूँ कि मेरे परिवार और इन शुभचिंतकों को मुझ पर मुझसे ज़्यादा भरोसा था। कुछ हिम्मत बँधी और दूसरी ओर एक अन्य प्रतियोगी परीक्षा (लोकसभा सचिवालय में 'ट्रांसलेटर') में मेरी सफलता की ख़बर भी मिली। एम.फिल. का लघु शोध प्रबंध जमा करके मैंने संसद भवन में अपनी यह नौकरी ज्वॉइन कर ली।

इस नौकरी ने भी बहुत कुछ सिखाया और आत्मविश्वास बढ़ाया, सो अलग। साथ ही कैरियर को लेकर एक क़िस्म की बेफ़िक्री भी मिली। मुझे लगता है कि इस नौकरी की व्यस्तता के बावजूद मुझे UPSC की तैयारी तनाव-मुक्त और दबाव-मुक्त होकर करने में और सहज भाव से परीक्षा देने में मदद मिली। वर्ष 2014 में भी मैंने UPSC की परीक्षा फिर से दी। इस बार क़िस्मत ने साथ दिया और UPSC का इंटरव्यू कॉल आ गया। प्रोफेसर एच.सी. गुप्ता के बोर्ड में क़रीब पैंतीस मिनट मेरा इंटरव्यू चला। इंटरव्यू के दौरान और उसके बाद भी मेरा मन शांत व सहज था।

अब हर दिन परिणाम की प्रतीक्षा रहती थी। अंतिम रूप से चयन के इतने क़रीब होना एक अलग ही एहसास देता है। कभी-कभी बड़ी घबराहट होती कि अगर अंतिम रूप से चयन नहीं हुआ तो ? या क्या सचमुच एक दिन में मेरी ज़िंदगी बदल जाएगी? ऐसे तमाम सवाल और ऊहापोह मन को मथते रहते थे। पर मैं अक्सर अपने मन को ऐसे समझाता कि पिछले प्रयास में तो प्रीलिम्स परीक्षा ही उत्तीर्ण नहीं हुई थी। इस बार तो इंटरव्यू तक पहुँचा, यही क्या कम है ? और फिर अपने पास एक सम्मानजनक नौकरी तो है ही।

वर्ष 2015 की 3 जुलाई की गरम दोपहर की बात है। इलाहाबाद गया था यू.पी. पी.सी.एस. की मुख्य परीक्षा देने। हालाँकि इस बीच पिछले साल की पी.सी.एस. की परीक्षा की इंटरव्यू कॉल आ चुकी थी। संगम के दर्शन कर दिल्ली लौटा तो मालूम हुआ कि कल यानी 4 जुलाई को UPSC के सिविल सर्विस एग्ज़ाम का अंतिम परिणाम आ रहा है। शनिवार को ऑफ़िस की छुट्टी थी तो सोचा, मेरठ में घर पर जाकर ही परिणाम देखूँ। सुबह आनंद विहार बस अड्डे से मेरठ की बस पकड़कर घर पहुँच गया। दोपहर में मालूम हुआ कि कुछ देर में ही रिज़ल्ट आने की संभावना है। घर वाले मुझसे ज़्यादा नर्वस थे। एक बजे एक फ़ोन आया और मालूम हुआ कि 13वीं रैंक आई है और हिंदी माध्यम में पहला स्थान। हिंदी माध्यम में काफ़ी समय बाद ऊँची रैंक आई थी। उसके बाद तो बधाइयों का ताँता लगना ही था, सो लगा ही। बाद में आई अंक तालिका से मालूम हुआ कि मुझे मुख्य परीक्षा में तीसरे सर्वाधिक अंक प्राप्त हुए थे। साथ ही निबंध में 160 और वैकल्पिक विषय (हिंदी साहित्य) में 313 अंक मिले, जो संभवतया इनमें अब तक के सर्वाधिक अंक हैं। एथिक्स के पेपर में भी 124 अंक मिले और सामान्य अध्ययन में कुल मिलाकर 378 अंक। कुल मिलाकर अंक थे 1001, जो मेरे लिए किसी शुभ शगुन से कम नहीं थे।

सफलता अपने साथ बहुत सारी अपेक्षाएँ और ज़िम्मेदारियाँ लेकर आती है। इनमें से एक है—सफलता को संभालने की अपेक्षा। हममें से बहुत से साथी छोटी-सी सफलता से विचलित होकर अपने व्यवहार को बदल बैठते हैं और कभी-कभी तो ख़ुशी से फूलकर हमारे पाँव भी ज़मीन

पर नहीं पड़ते। सफलता थोड़ी परिपक्वता और समझदारी की भी माँग करती है। मुझे तसल्ली है कि इस सफलता के बाद मिले सम्मान और पहचान को मैं अपने परिवार, शिक्षकों एवं दोस्तों की मदद से संभाल पाया और अमूमन सहज बना रहा।

इस दौरान अनेक सम्मान-समारोह हुए और अनेक अवसरों पर युवाओं से संवाद का मौक़ा भी मिला। पर जो दिन शायद मेरी ज़िंदगी के सबसे बड़े दिनों में से एक था, वह था—तत्कालीन लोकसभा अध्यक्ष श्रीमती सुमित्रा महाजन द्वारा संसद भवन के बालयोगी सभागार में मेरा अभिनंदन समारोह। इस समारोह में तत्कालीन माननीय संसदीय कार्य राज्यमंत्री श्री राजीव प्रताप रूडीजी, लोकसभा महासचिव श्री अनूप मिश्रा उपस्थित थे। सभागार में उपस्थित थे लोकसभा सचिवालय के सभी अधिकारी और कर्मचारी, जिनके साथ मैं पिछले दो सालों से काम कर रहा था। मुझे लगता है कि यह सम्मान एक व्यक्ति के रूप में महज़ मेरा सम्मान नहीं था, यह एक साधारण पृष्ठभूमि और हिंदी माध्यम से पढ़कर निकले एक अभ्यर्थी की उपलब्धि का सम्मान था और साधारण पृष्ठभूमि के संघर्षों से निकलकर कई तरह के पिछड़ेपन का सामना करके आगे बढ़ने वाले हिंदी व भारतीय भाषाओं के छात्रों का भी सम्मान था।

आज जब इस सुनहरी याद को मुड़कर देखता हूँ तो कभी-कभी लगता है, बहुत कुछ बदला है; तो कभी लगता है कि कुछ भी तो नहीं बदला। बदला यह कि अब बार-बार कोई नौकरी का फ़ॉर्म नहीं भरना पड़ेगा। घर वाले भी कैरियर को लेकर निश्चिंत हो गए और स्वाभाविक तौर पर सामाजिक सम्मान में भी कुछ बढ़ोतरी हुई; पर बहुत कुछ ऐसा भी है, जो बिल्कुल नहीं बदला और इच्छा है कि कभी न बदले—आगे बढ़ने और कुछ अच्छा करते रहने की इच्छा, निरंतर प्रगतिशील रहने और काम करते रहने का जज़्बा और नई चुनौतियों से जूझने की पुरज़ोर कोशिश।

मुझे लगता है कि मुझे जिन तीन कारणों ने UPSC में उच्च रैंक दिलाई—एक तो मेरा अब तक का विस्तृत नॉलेज बेस और अनुभव, दूसरा राइटिंग स्किल और तीसरा समग्र व संतुलित दृष्टिकोण। साथ ही मुझे यह भी लगता है कि मेरी हर नौकरी, हर शिक्षण संस्था, हर शिक्षक और हर

साथी ने मुझे कुछ-न-कुछ ही नहीं, बहुत कुछ सिखाया। मेरे दोस्तों का कहना था कि 'मेरी तैयारी ख़ामोश थी, पर सफलता ने शोर मचाया।'

मेरे सपनों की मंज़िल मसूरी में दो साल तक आई.ए.एस. की ट्रेनिंग की और तमाम नये दोस्त बनाए। आधुनिक और अँग्रेज़ीदा माहौल में भी अपनी हिंदी वाली पहचान नहीं छोड़ी और हिंदी को अपनी मजबूरी न बनाकर मज़बूती बनाया। ऐकेडमी में पढ़ाई के साथ-साथ सांस्कृतिक कार्यक्रमों की हिंदी में एंकरिंग भी की और अपनी एक अलग पहचान बनाई। राजस्थान कैडर मिला, और अब तक अलवर, कोटड़ा (उदयपुर), माउंट आबू, अजमेर और जयपुर में पोस्टिंग हुई। कोटड़ा सबसे दिलचस्प पोस्टिंग रही। राजस्थान का सबसे पिछड़ा ब्लॉक कोटड़ा सुदूर आदिवासी अंचल में स्थित है। लोगों की ज़िंदगी को बहुत क़रीब से देखा। कोशिश

यही रही कि अपनी ओर से एक संवेदनशील और सजग प्रशासन दे पाऊँ।

इस बीच आई.ए.एस. की ट्रेनिंग और बाद में नौकरी के साथ राइटिंग का शौक़ बदस्तूर जारी है। कई किताबें प्रकाशित हुई हैं और यूट्यूब पर वीडियो काफ़ी लोकप्रिय हुए हैं। सिविल सेवा परीक्षा की तैयारी पर मेरी किताब *'मुझे बनना है UPSC टॉपर'* बेहद लोकप्रिय हुई और बाद में इंग्लिश और मराठी में भी छपी। नेशनल बुक ट्रस्ट से *'राजभाषा के रूप में हिंदी'* किताब और प्रभात प्रकाशन से बच्चों की कविताओं की किताब *'शादी बंदर मामा की'* भी छपी हैं। पहले जिन चीज़ों को जीवन में बहुत बड़ा माना करते थे, वो धीरे-धीरे सहज लगने लगीं। UPSC में हिंदी मीडियम से टॉपर बनने के बाद दूरदर्शन, AIR, लोक सभा टीवी, बीबीसी हिंदी और लगभग सभी बड़े हिंदी-इंग्लिश अख़बार-चैनल पर बोलने-लिखने का अवसर मिला।

ख़ैर, आपको बता दूँ कि आज उन थ्री इडियट्स में से एक सुमित बॉलीवुड का एक सफल स्क्रिप्ट राइटर है, दूसरा दोस्त वतन एक बड़े न्यूज़ चैनल में सफल कार्टूनिस्ट और तीसरा मैं नाचीज़, एक आई.ए.एस. अधिकारी और लेखक। मुझे कभी किसी सीनियर ने कहा था कि *'हमेशा बड़ा सोचो, तुम एक दिन ख़ुद बड़े बन जाओगे।'* मैं बड़ा बन पाया या नहीं, ये तो मालूम नहीं, पर उनकी ये बात अब बड़े काम की लगती है।

मुझे लगता है कि जहाँ भी, जैसे भी रहें, जो कुछ भी करें, ख़ुश रहकर करें, व्यस्त रहें और मस्त रहें। *निराशा की बातें करने वालों की बातें सुन-सुनकर हताश न हों।* अंत में, हिंदी ग़ज़ल सम्राट दुष्यंत कुमार की वे चार पंक्तियाँ, जो मेरे संपूर्ण संघर्ष यात्रा में मेरा साथ निभाती रहीं—

इस नदी की धार से ठंडी हवा आती तो है,
नाव जर्जर ही सही लहरों से टकराती तो है।
एक चिनगारी कहीं से ढूँढ़ लाओ ए दोस्तो,
इस दिए में तेल से भीगी हुई बाती तो है।।

सफलता के सफ़र की कुछ शानदार कहानियाँ

रुके न तू, थके न तू

आशीष कुमार, उत्तर प्रदेश

मैं आशीष कुमार, उत्तर प्रदेश के उन्नाव ज़िले से हूँ। वर्ष 2017 की सिविल सेवा परीक्षा में हिंदी माध्यम और हिंदी साहित्य विषय के साथ रैंक 817 के साथ चयनित हुआ हूँ। यह मेरा नौवाँ और अंतिम प्रयास था। इससे पहले पाँच मुख्य परीक्षा और दो इंटरव्यू दे चुका था।

उन्नाव ज़िले के मुख्यालय से क़रीब 35 किलोमीटर दूर मेरा गाँव है। मेरी पूरी पढ़ाई गाँव व उन्नाव ज़िले में ही हुई है। गणित विषय के साथ स्नातक, इतिहास विषय के साथ परास्नातक हूँ। मैं कभी भी पढ़ने में बहुत अच्छा नहीं रहा हूँ, प्रायः द्वितीय श्रेणी में ही पास होता रहा हूँ।

अगर मैं यह कहूँ कि सिविल सेवा में आने का मेरा बचपन से सपना रहा है, तो ग़लत होगा। दरअसल एक आम ग्रामीण परिवार की तरह मेरी इच्छा बस एक अदद सरकारी नौकरी तक ही थी। इसीलिए मैंने पहले वनडे प्रतियोगी परीक्षाओं की तैयारी से शुरुआत की थी। उन दिनों में ही सिविल सेवा के बारे में पता चला तो मैं 2009 से ही इस परीक्षा में बैठने लगा। तमाम रिश्तेदारों, मित्रों ने मज़ाक उड़ाया कि 'एक नौकरी तक मिलती नहीं, सीधे आईएएस बनने का ख़्वाब देखने लगे'।

घर के आर्थिक हालात बहुत अच्छे नहीं थे। इसे सौभाग्य कहें या मेहनत कहें, मुझे 23 साल की उम्र में ही सरकारी नौकरी मिल गई। इससे पहले भी मैं 17 साल की आयु से ट्यूशन पढ़ाकर, काफ़ी हद तक आत्मनिर्भर हो चुका था।

सरकारी नौकरी मिलने से आर्थिक सम्बल तो मिला, पर अब समय कम पड़ने लगा। 1 साल अध्यापक की नौकरी, 1 साल ऑडिटर (कर्मचारी चयन आयोग) के बाद, 2010 में एक्साइज़ एंड कस्टम विभाग में इंस्पेक्टर की नौकरी के साथ मैंने एक दिवसीय परीक्षाएँ देना बंद कर दिया। अब इकलौता लक्ष्य सिविल सेवा था।

मेरी नौकरी ग़ैर हिंदी भाषी राज्य (गुजरात) में होने के चलते, हिंदी से जुड़ी सामग्री मिलना ज़रा मुश्किल था। धीरे-धीरे चीज़ें व्यवस्थित हुईं। सिविल सेवा में लगातार उतार-चढ़ाव लगे रहे। 2010 में मुख्य परीक्षा, 2011 में इंटरव्यू, 2016 में फिर प्रारंभिक परीक्षा फेल होना, मुझे कुछ हद तक अंदर से तोड़ चुका था।

2017 में अंतिम बार सिविल में बैठना था। पिछले अनुभव से, कमज़ोरियों को दूर करते हुए, अपना सर्वोत्तम देने का प्रयास किया। अंततः मुझे अपना नाम चयनित सूची में देखने को मिला। रैंक अपेक्षा के अनुरूप नहीं मिली, पर मैं बहुत ख़ुश हूँ। मुझे हमेशा से चीज़ों के सुखद पक्ष को देखने की आदत है। इस साल मुझे हिंदी साहित्य में 296 अंक मिले हैं, इसका श्रेय साहित्य के प्रति अपने रुझान को दूँगा।

इस किताब के पाठकों से एक विशेष बात साझा करना चाहूँगा कि मैं मुखर्जी नगर, दिल्ली से दूर, बग़ैर कोई कोचिंग किए, नौकरी करते हुए सिविल सेवा में सफल हुआ हूँ। इसलिए तमाम मिथकों जैसे अच्छे विश्वविद्यालय, महंगी कोचिंग, बहुत मेधावी होना की ज़्यादा परवाह करने की ज़रूरत नहीं है। हर साल UPSC में कम संख्या में ही सही, पर बेहद सामान्य परिवेश में पले-बढ़े हम जैसे लोग सफल होते ही हैं।

निशांत जैन को अनंत धन्यवाद देना चाहता हूँ, उनकी स्वर्णिम सफलता हिंदी माध्यम के सैकड़ों सफल उम्मीदवारों की तरह मेरे लिए भी बहुत बड़ी प्रेरणा रही है।

***

संघर्षों से जूझकर पाई सफलता की राह

आदित्य, राजस्थान

मैं सिविल सेवा परीक्षा 2017 से भारतीय पुलिस सेवा (IPS) में चयनित हुआ हूँ। मैं राजस्थान के ग्रागीण परिवार से आता हूँ और मेरी अधिकतर पढ़ाई गाँव में सरकारी स्कूल में हुई है और बाद में BA और BEd मेरी तहसील मुख्यालय भादरा, ज़िला हनुमानगढ़, राजस्थान में हुई। मेरे माता-पिता दोनों शिक्षक हैं।

कक्षा 11 में दोस्तों और परिवार के दबाव में रुचि न होते हुए भी गणित विषय चुना परंतु बेहतर न कर सका और इसको देखते हुए मैंने आर्ट्स में जाने का फ़ैसला किया। अक्सर इस संबंध में मैंने लोगों की काफ़ी बातों को सुना तो मैंने ख़ुद के निर्णय को साबित करने के लिए टाउन के निजी कॉलेज से BA किया और संघ लोक सेवा आयोग की परीक्षा देने का फ़ैसला किया।

जब शुरुआत की तो चुनौतियों का सामना करना पड़ा, जिसमें एक तो सारी पढ़ाई हिंदी मीडियम स्कूल से होने के कारण अँग्रेज़ी का आधारभूत ढाँचा कमज़ोर रहा, स्कूली शिक्षा में अधिक ध्यान न देने के कारण मेरे बेसिक कमज़ोर थे। हिंदी माध्यम में 2013 में पैटर्न परिवर्तन के कारण कंटेंट का अभाव, 2013 में हिंदी माध्यम से सबसे कम चयन से एक नकारात्मक माहौल, एक अच्छे अख़बार की कमी, गाइडेंस का अभाव प्रमुख कारण रहे।

2014 से पहली बार अँग्रेज़ी अख़बार को पढ़ा, तकनीक का उपयोग करना सीखा, जिसमें अनेक पोर्टल, वेबसाइट थी। 2014 से 2017 तक मैंने 4 प्रयास किए, जिसमें पहली बार में प्रारंभिक परीक्षा में असफल रहा। फिर सुधार किया और दूसरे में काफ़ी उत्साहित था, क्योंकि न केवल प्रारंभिक वरन मुख्य परीक्षा को प्रथम प्रयास में पास कर साक्षात्कार तक पहुँचा, परंतु प्रथम साक्षात्कार में अनुभव की कमी और अभ्यास न होने पर बेहतर अंक प्राप्त न कर पाया। तीसरे प्रयास में मैंने सोचा तो था कि बेहतर होगा, परंतु भाग्य को कुछ और मंज़ूर था। मैं मुख्य परीक्षा में असफल रहा, जिसका कारण निबंध और इतिहास में कम अंक रहे। इतने मनोवैज्ञानिक दबाव का सामना मुझे पहले कभी नहीं करना पड़ा था।

स्वयं को प्रेरित करने और अन्य विकल्प तलाशने के लिए राजस्थान सिविल सेवा समेत अनेक पेपर दिए, परंतु असफलता ने निरंतरता जारी रखी। माता-पिता के सहयोग, मेरे दृढ़संकल्प और आत्मविश्वास से मैंने फिर चौथा प्रयास दिया, जिसमें पूर्ववर्ती कमियों को कम करने के लिए अथक मेहनत की। मेहनत रंग लाई और सफलता को आख़िरकार हासिल किया।

इस परीक्षा की तैयारी के दौरान मुझमें अनेक कमियाँ रहीं, जिसमें पहले के प्रयासों में रिवीज़न के बजाय पढ़ने पर ध्यान देना, लिखित अभ्यास में कमी, अति आत्मविश्वास, निबंध पर ध्यान न देना और वैकल्पिक विषय इतिहास में कमी और साक्षात्कार में ग्रुप मॉक पर अधिक ध्यान न देना, बोलने का अभ्यास न होना इत्यादि रहे।

इन सब अनुभवों के आधार पर युवा अभ्यर्थियों को मेरी सलाह है कि बेसिक पर ध्यान दें, कंटेंट को सीमित रखें, समसामयिकी पर ध्यान दें और निरंतर अपडेट रहें। वैकल्पिक विषय का चुनाव अंकदायी, रुचि, समझ और उपलब्ध विषयवस्तु के आधार पर करें। साक्षात्कार में समूह चर्चा, मॉक पर ध्यान आवश्यक है। साक्षात्कार में आत्मविश्वास की सर्वाधिक भूमिका होती है, अत: उन तत्वों पर अधिक ध्यान दें, जहाँ से आत्मविश्वास को सकारात्मक बल मिले।

***

'सेरेब्रल पाल्सी' की बीमारी के बावजूद UPSC पास करने वाले पहले विद्यार्थी की बेमिसाल कहानी

आशीष कुमार वर्मा, बिहार

एक क्षण में कभी-कभी सगरत बीता हुआ अतीत और संपूर्ण फैले हुए भविष्य का समाहार छिपा होता है। वह क्षण ऐसा ही क्षण था जब मेरे माता-पिता को डॉक्टरों ने बुलाकर कहा- "आपके बेटे को सेरेब्रल पाल्सी नाम की दुर्लभ बीमारी है, ये कभी चल नहीं सकता। आपको यह सत्य स्वीकार करना होगा। एक अच्छी बात ये है कि इसकी आई.क्यू. ठीक है, वर्ना ऐसे अधिकांश मामलों में मानसिक क्षमता के नष्ट होने की भी बहुत संभावना होती है।"

सेरेब्रल पाल्सी की बीमारी का नतीजा यह हुआ कि पटना का कोई भी स्कूल मुझे दाखिला देने को तैयार न था। उन्हें अपने तथाकथित सामान्य बच्चों के मध्य एक 'असामान्य' बच्चे को स्थान देना शायद सहज नहीं लगता था। किंतु, जब आप किसी पत्थर से टकराने का निर्णय लेते हैं तो वह पत्थर जल्दी ही मोम बन जाता है। यह मेरी उत्कट आकांक्षा थी और परिवार का सबल सहयोग, जिसने मेरी पढ़ाई का रास्ता प्रशस्त किया।

एक अच्छा संकेत यह था कि मैं जिस विद्यालय में भी जाता, वहाँ तमाम बाधाओं के बावजूद हर कक्षा में टॉप करता था। साथ-ही-साथ बचपन से कविताएँ लिखने का शौक था, जुनून था, जो अब भी अनवरत कायम है। मेरी कविताएँ बाल्यकाल से ही विभिन्न क्षेत्रीय, राष्ट्रीय पत्र-पत्रिकाओं में छपने लगीं।

बिहार स्टेट बोर्ड की बारहवीं की परीक्षा में मैंने पूरे राज्य में आठवाँ स्थान हासिल किया और फिर पटना विश्वविद्यालय से बी.ए. ऑनर्स (हिंदी साहित्य) में तीसरा स्थान एवं एम.ए. (हिंदी साहित्य) में पूरे विश्वविद्यालय में सर्वोच्च स्थान प्राप्त किया। फिर UGC NET उत्तीर्ण करने के बाद घर पर ही सिविल सेवा की तैयारी करने लगा। ज़ाहिर-सी बात है, दिल्ली जाकर तैयारी करना या कोचिंग क्लासेस करना मेरे लिए दुष्कर था। इसलिए मैंने स्व-अध्ययन का ही सहारा लिया।

प्रयत्नों का सुखद सुफल सामने था। सन 2011 की UPSC सिविल सेवा परीक्षा मैंने उत्तीर्ण की। चारों ओर से बधाइयों का ताँता था। विभिन्न पत्र-पत्रिकाओं एवं टीवी चैनल्स पर मेरी सफलता की कहानियाँ चल रही थीं। इसी क्रम में मुझे सामाजिक न्याय एवं अधिकारिता मंत्रालय, भारत सरकार से एक कॉल आया। मुझे बताया गया कि आप देश के पहले ऐसे नागरिक हैं, जिसने सेरेब्रल पाल्सी होने के बावजूद UPSC की सिविल सेवा परीक्षा उत्तीर्ण की है।

यह नहीं कहूँगा कि परेशानियाँ यहीं ख़त्म हो गईं। परेशानियाँ और भी आईं। सरकार को मेरे शारीरिक मानकों के आधार पर मुझे सेवा प्रदान करने में परेशानी हुई। अंततः एक वर्ष के बाद मुझे भारतीय रक्षा लेखा सेवा (Indian Defence Accounts Service) आवंटित की गई, जिसके तहत मैं वर्तमान में पटना में पदस्थापित हूँ।

जो कुछ भी कहा है, बहुत संक्षेप में कहा। कहानी बहुत लंबी है और सफ़र अभी बाक़ी है। जब आप दूसरे लोगों से भिन्न होते हैं तो निस्संदेह लोगों का नज़रिया भी आपके प्रति भिन्न होता है। इसी भिन्नता को मिटाना है। विकलांगता कोई विकृति नहीं है, बल्कि यह एक अवस्था है। अवस्था तो हर किसी की होती है, मेरी, आपकी, सबकी। तो मैं भला आपसे भिन्न क्यों? जितने पूर्ण आप हैं, उतना मैं भी हूँ और जितना अपूर्ण मैं हूँ, उतने आप भी हैं। मैं व्हीलचेयर पर हूँ और आप व्हीलचेयर पर नहीं हैं, इसका मतलब यह कदापि नहीं कि संपूर्णता की खोज की आवश्यकता मुझे अधिक है और आपको कम!

***

पति-पत्नी ने साथ पढ़कर पाई सफलता

अनिरुद्ध कुमार, बिहार

मेरा पालन-पोषण व प्रारंभिक शिक्षा-दीक्षा बिहार के जहानाबाद ज़िले के एक छोटे से गाँव में हुई। यह वही जहानाबाद ज़िला है, जो कभी नक्सल गतिविधियों का गढ़ हुआ करता था। आए दिन गाँव-के-गाँव नरसंहार की भेंट चढ़ जाते, हम सब काफ़ी डरे रहते थे कि कब हमारे गाँव का नंबर आ जाए। मेरी प्राथमिक व उच्च प्राथमिक की शिक्षा गाँव के ही स्कूल में हुई।

फिर पिताजी को कानपुर में रेलवे में एक ठेके का काम मिला और पूरा परिवार कुछ समय बाद कानपुर आ गया। अत: 10वीं व उसके बाद की मेरी पढ़ाई कानपुर में हुई। मैं पढ़ने में प्रारंभ से ही अच्छा था, अत: सबकी उम्मीदों के अनुरूप प्रदर्शन का दबाव बढ़ता गया और ग़ैर शैक्षणिक गतिविधियों (खेल व अन्य सांस्कृतिक गतिविधियों) से मैं दूर होता गया, इसका मलाल आज भी मुझे है। पढ़ाई के साथ अन्य गतिविधियों का व्यक्तित्व के विकास में महत्वपूर्ण योगदान होता है।

मैं आम मध्यमवर्गीय व्यक्ति की तरह इंजीनियरिंग व MBA जैसी प्रो.फ़ेशनल डिग्री प्राप्त कर किसी मल्टीनेशनल कंपनी में काम करना चाहता था, पर एक घटना ने मेरे पथ की दिशा बदल दी।

हुआ यह कि कानपुर में पिताजी ने अपनी कमाई जोड़कर एक छोटी सी ज़मीन ली थी, पर कुछ राजनीतिक जुड़ाव रखने वाले दबंगों ने इस पर क़ब्ज़ा जमा लिया। पापा ने काफ़ी हाथ-पैर चलाए, पुलिस में शिकायत

भी दर्ज कराई, पर कोई असर नहीं हुआ। फिर हम सीधे पुलिस अधीक्षक (SP) महोदय से मिले, जिन्हें हमने अपनी परेशानी बताई। उन्होंने तत्काल कार्रवाई का आश्वासन दिया। ऊपर से बने दबाव ने प्रशासन के काम में तेज़ी ला दी और हमें हमारी ज़मीन वापस मिल गई। इस घटना ने मेरी सोच को ही बदल दिया, और मैं इंजीनियरिंग के बाद सिविल सेवा की तैयारी करने लगा।

मुझे शुरुआती चरणों में सफलता भी मिलने लगी पर पूर्ण सफलता नहीं मिली। अत: निराश होकर मैं राज्य लोक सेवाओं पर ध्यान देने लगा। इसी दौरान वाणिज्य कर अधिकारी, असिस्टेंट कमिश्नर वाणिज्य कर व पुलिस उपाधीक्षक के पद पर चयन भी हुआ। पर कहीं-न-कहीं दिल में वो कसक अभी भी थी कि मैं UPSC क्लीयर नहीं कर पाया।

इसी दौरान एक सुखद घटना यह हुई कि 2015 में मेरा विवाह आरती सिंह से हुआ। हम दोनों पहले से का.फी अच्छे दोस्त थे। वो उत्तर प्रदेश में BDO के पद पर कार्यरत थी, पर UPSC न पास करने की पीड़ा उनके मन में भी थी। बस फिर क्या था, दोनों के मिलने से शक्ति भी दूनी हो गई, साथ ही मनोबल और लालसा भी। मिलकर बेहतर स्ट्रेटेजी से तैयारी की व 2016 की UPSC परीक्षा में दोनों उत्तीर्ण हुए, उन्हें AIR-118 के कारण IPS मिला और मुझे AFHQ मिला। मैंने हिम्मत नहीं हारी और दुगुनी मेहनत से फिर तैयारी की तथा 2017 की परीक्षा में AIR-146 के साथ मैं हिंदी माध्यम में टॉपर भी बना।

***

संसाधनों के अभाव से सफलता तक का सफ़र

अंसार शेख़, महाराष्ट्र

मेरा जन्म तथा पालन-पोषण महाराष्ट्र के जलना में शैलगाँव ग्राम में एक बस्ती में बहुत-ही गरीब और वंचित परिवार में हुआ था। मेरे पिता ऑटो रिक्शा चलाते थे और मेरी माँ एक गृहिणी थीं। मुझे सभी प्रकार की कठिनाइयों का सामना करना पड़ा था। हालाँकि, मैं पढ़ने-लिखने में अच्छा था, इसलिए मेरे तीन भाई-बहनों के विपरीत मैं अपनी पढ़ाई करता रहा।

मैंने अपने गाँव के एक सरकारी स्कूल में पहली कक्षा से 10वीं कक्षा की पढ़ाई पूरी की। मैंने 76.20 फ़ीसदी अंकों के साथ 10वीं पास की। फिर, मैं मानविकी में 11वीं तथा 12वीं कक्षा की पढ़ाई करने के लिए बद्रीनारायण बरवाले कॉलेज, जलना चला गया। इस समय तक मैंने पुणे जाकर संघ लोक सेवा आयोग परीक्षा की तैयारी करने का मन बना लिया था। मैंने 91.50 प्रतिशत अंक प्राप्त किए और फ़र्ग्यूसन कॉलेज, पुणे चला गया। अपने बी.ए. राजनीति विज्ञान के दूसरे वर्ष में, मैंने यू.पी.एस.सी. की एक कोचिंग क्लास में जाना शुरू कर दिया। मैंने जून 2015 में 73 प्रतिशत अंकों के साथ स्नातक की पढ़ाई पूरी की। उसी वर्ष अगस्त में, मैंने UPSC CSE की प्रारंभिक परीक्षा दी, जिसे मैंने पास भी कर लिया।

मुझे हमेशा कड़ी मेहनत करने की आदत थी। हालाँकि मेरी ख़राब आर्थिक पृष्ठभूमि मेरी यात्रा में प्रमुख बाधाओं में से एक थी। एक ऐसा समय भी था, जब मेरे पास पूरे दिन खाने के लिए कुछ नहीं था। एक समय ऐसा भी था जब मेरे पास किताबें ख़रीदने तक के लिए पैसे नहीं थे। मेरे

लिए भाषा एक और समस्या थी। मैं मराठी माध्यम में तैयारी कर रहा था, लेकिन मुझे 60 प्रतिशत से अधिक पाठ्यक्रम अँग्रेज़ी में पढ़ना पड़ता था और उसे मराठी में अनुवाद करना पड़ता था। मेरे लिए यह बहुत मुश्किल था, क्योंकि मैंने 12वीं तक अपनी संपूर्ण शिक्षा मराठी माध्यम में की थी। लेकिन हर समस्या का समाधान अवश्य होता है।

मैं जब 10वीं कक्षा में था, तब मैंने एक अधिकारी बनने का फ़ैसला किया। मेरे व्यक्तिगत अनुभवों के साथ-साथ मेरी कक्षा के शिक्षक, जिन्होंने उसी वर्ष महाराष्ट्र पी.एस.सी. परीक्षा पास की थी, मेरे लिए प्रेरणा के स्रोत थे। हालाँकि मुझे यू.पी.एस.सी. के बारे में बुनियादी जानकारी देने वाले व्यक्ति मेरे कॉलेज के दूसरे शिक्षक थे, उस समय तक मैं यू.पी.एस. सी. और अन्य परीक्षाओं के बारे में अनजान था।

मैंने अपने पहले ही प्रयास में इस परीक्षा को क्लीयर कर लिया इसलिए मुझे इस परीक्षा में विफलता का सामना नहीं करना पड़ा। लेकिन हाँ, कुछ असफलताएँ थीं। मैंने मुस्कुराते हुए उन असफलताओं का सामना किया। मैं स्वयं प्रेरित था, इसलिए मेरे लिए स्वयं को सांत्वना देना और अपने कार्य पर वापस लौटना आसान था। और वैसे भी असफलता में सफलता का मार्ग छिपा होता है। यह आपको आत्मनिरीक्षण तथा आत्म-मूल्यांकन करने और अपनी कमज़ोरियों को दूर करने का मौक़ा देता है।

युवाओं को मेरा संदेश है कि यदि मेरे जैसा एक अभावग्रस्त और जीवन में सभी प्रकार की कठिनाइयों का सामना करने वाला व्यक्ति UPSC में सफलता प्राप्त कर सकता है, तो आप भी कर सकते हैं। UPSC और जीवन में सफलता किसी का एकाधिकार नहीं है।'

***

इंग्लिश पर बनाई पकड़ और पाई सफलता

बालाजी डी. के., कर्नाटक

आईएएस क्लियर करना बचपन से ही मेरा सपना था। यह सब तब शुरू हुआ जब 5वीं कक्षा में मेरी अपने पिता जी के साथ लड़ाई हो गई थी। पिताजी मुझ पर ग़ुस्सा हो गए थे और उन्होंने मुझे पीटा भी था। मैं रोते-रोते सिसक रहा था। तभी टी.वी. पर GK का प्रश्न पूछा गया था। मैंने इसका सही उत्तर दिया, जिससे मेरे पिताजी बहुत ख़ुश हुए। उन्होंने मुझे गले से लगा लिया। उनका ग़ुस्सा गर्व और ख़ुशी में बदल गया था। इससे मुझे एहसास हुआ कि सामान्य ज्ञान की मदद से किसी को भी जीता जा सकता है। फिर, मैंने सामान्य ज्ञान में इतनी गहरी रुचि विकसित की, जिससे कि मैं देश की सबसे कठिन परीक्षा को क्लियर कर सकूँ। फिर, मुझे बताया गया कि IAS एक ऐसी परीक्षा है, जिसमें सबसे कठिन GK आता है।

मैं श्री सचिदानंद राव सर से निजी ट्यूशन ले रहा था। वे हमेशा कहा करते थे कि व्यक्ति को अपना जीवन ऐसा बनाना चाहिए कि उसकी मृत्यु के 4 दिन बाद तक कम-से-कम 4 व्यक्ति उसे याद रखें। इन शब्दों ने IAS बनने के मेरे संकल्प को मज़बूत कर दिया। इसके साथ ही, एक अन्य शिक्षक श्री जगदीशैया के.एस. सर भी सफल IAS, IPS उम्मीदवारों की कहानियाँ सुनाते थे। यह सोने पर सुहागे की तरह था।

उसके बाद, जब मैंने 10वीं कक्षा की परीक्षा दी थी, तभी मेरे गृहनगर (कोरटगेरे, ज़िला-तुमकुर, कर्नाटक) से श्री जगदीश के.जे. ने ऑल इंडिया रैंक 58 के साथ IAS की परीक्षा पास की। मेरे लिए यह स्पष्ट संकेत था

कि मुझे अपने गृहनगर का अगला जगदीश बनना चाहिए। अब IAS बनने का सपना औपचारिक रूप से शुरू हो गया था।

फिर मेरी 10वीं कक्षा का परिणाम आया। मैंने गणित में 100% अंकों के साथ 93.76% से दसवीं कक्षा पास की। सभी ने सुझाव दिया कि मुझे ग्यारहवीं और बारहवीं कक्षा के लिए विज्ञान का विकल्प चुनना चाहिए । लेकिन, मेरे दिल ने कहा कि मुझे अपने आईएएस बनने के सपने को आगे बढ़ाने के लिए मानविकी का चयन करना चाहिए।

जैसाकि आप सभी जानते हैं, साइंस स्ट्रीम रोज़गार के बेहतर अवसर प्रदान करती है। एक मध्यम वर्गीय परिवार (मेरे पिता बहुत ग़रीब परिवार से हैं। मेरे दादा जी परिवार से दूर हो गए थे। मेरी दादी ने दिहाड़ी मज़दूर के रूप में काम करके मेरे पिताजी का पालन-पोषण किया। मेरे पिताजी कई जगहों पर काम करते थे और किसी तरह उन्हें ग्रामीण बैंक में एक नौकरी मिल गई। मेरी माँ भी आर्थिक रूप से कमज़ोर परिवार से हैं) की पृष्ठभूमि से होने को ध्यान में रखते हुए, मेरे लिए एक अच्छी नौकरी खोजना बहुत महत्त्वपूर्ण था। फिर भी, मैं अपने आईएएस के सपने को आगे बढ़ाना चाहता था। आश्चर्यजनक रूप से, मेरे माता-पिता ने मुझे पूर्ण सहयोग दिया और मुझे अपना सपना साकार करने का अवसर दिया। सभी ने मेरे माता-पिता को पागल कहा। फिर भी, वे मेरे साथ खड़े रहे।

11वीं कक्षा में प्रवेश पाने के पहले सप्ताह में किताब की एक दुकान पर लटकी हुई पत्रिका ने मेरा ध्यान आकर्षित किया। उस अंक के कवर पेज पर श्री एस. नागराजन (रैंक-1, CSE 2005) की तस्वीरें छपी हुई थीं। इन तस्वीरों ने मुझे उस पत्रिका को ख़रीदने के लिए मजबूर कर दिया। परंतु अफ़सोस इस बात का था कि मुझे उस पत्रिका में कुछ भी समझ नहीं आया। मुझे तब एहसास हुआ कि मेरी अँग्रेज़ी कितनी ख़राब है। मैंने फ़ैसला किया कि IAS परीक्षा को क्लियर करने के लिए मुझे पहले इंग्लिश सीखनी चाहिए। मैंने अपनी रणनीति तैयार की।

उस समय, मैं रोज़ाना बस से 26 किमी दूर कॉलेज (जो तुमकुर में था) की यात्रा करता था। मैंने केवल वीडियो-कोच-बसों से यात्रा करने का फ़ैसला किया। मैंने कन्नड़ और तेलुगु फिल्मों के संवादों का अनुवाद

अँग्रेज़ी में करना शुरू कर दिया। जब भी मुझे किसी कठिनाई का सामना करना पड़ता था, तो मैं उस वाक्य को लिख लेता था और अगले दिन अँग्रेज़ी के शिक्षकों के साथ चर्चा करके उन्हें समझ लेता था। मैं हमेशा मन ही मन अँग्रेज़ी के वाक्यों को बनाता रहता था। मैंने 3 महीने तक सिर्फ़ और सिर्फ़ अँग्रेज़ी को जिया। इससे मुझे अँग्रेज़ी पर पकड़ बनाने में वास्तव में मदद मिली।

एमबीए करने के बाद, मुझे एक सामुदायिक संगठन के बारे में पता चला, जो IAS उम्मीदवारों के लिए मुफ़्त बोर्डिंग, लॉजिंग और कोचिंग की सुविधा देता था। जब मैंने उनसे संपर्क किया, तो मुझे अपमानित किया गया। इसने फिर से मेरे संकल्प को मज़बूत कर दिया। अंत में मेरा संकल्प सफल हुआ और मैं आंध्र प्रदेश कैडर में आई.ए.एस. अधिकारी हूँ।

मेरी ओर से सुझाव यह है कि एक ही विषय के लिए कई पुस्तकों के पीछे न भागें। याद रखें कि एक पुस्तक को दो बार पढ़ना दो पुस्तकों को एक बार पढ़ने से बेहतर है।

***

BPL से युवा आई.ए.एस. तक की यात्रा

चेतन कुमार मीणा, राजस्थान

27 दिसंबर, 2017 का दिन था और शाम के 5 बजे थे, तभी बाबा (पिताजी) का मुझे कॉल आता है, मेरे कहे कुछ शब्दों का जवाब देते हैं "धन्यवाद बेटा, तूने इस बूढ़े बाप का नाम रौशन कर दिया, तूने मुझे तरा दिया।" ये शब्द शायद मेरे जीवन के अनमोल ख़ुशी देने वाले मोती थे। रिज़ल्ट आने की ख़ुशी इस क़दर थी कि एक तरफ माता-पिता, चाचा आदि तो दूसरी तरफ़ मैं, ज़ोर-ज़ोर से रोने लगे।

मेरा IAS में सेलेक्शन होना मेरे से ज़्यादा उन लोगों के लिए महत्त्वपूर्ण था, जिन्होंने मुझे बनाने में ख़ुद को खपा दिया। मेरा जन्म राजस्थान के दौसा ज़िले के गाज़ीपुर गाँव के किसान परिवार में हुआ। माता-पिता दोनों किसान थे और क़लम कैसे चलाई जाती है, उन्हें नहीं पता था। आर्थिक संसाधन का अभाव हमेशा से रहा, किंतु संयुक्त परिवार होने के कारण यह कमी कुछ कम खलती रही। शायद यही संयुक्त परिवार का सबसे बड़ा फ़ायदा रहा हो। मेरा परिवार B.P.L. में शामिल रहा, इसलिए सरकारी मदद परिवार के ख़र्च के लिए संजीवनी का काम करती रही।

मैंने अपनी विद्यालयी शिक्षा अपने पास के गाँव के विद्यालय से ली। 12वीं के बाद IIT की तैयारी का मन था, लेकिन आर्थिक अभाव के कारण यह संभव नहीं हो पाया। यह वह दौर था, जब घर का ख़र्च चलाने के लिए खेती अपर्याप्त साबित हो रही थी, तब प्रति वर्ष भैंस बेचकर मुश्किल से ख़र्च चलाया जा रहा था। वह प्रसंग मेरी आँखों के सामने दौड़ आता है,

जब मेरी स्कूल की ड्रेस लाने के लिए माँ ने अपने चांदी के ज़ेवर बेच दिए। ख़ुद भले ही अनपढ़ रहे हों, लेकिन अपने बच्चों के लिए ऊँचे ख़्वाब देखे। वे जीवन की तमाम विकट परिस्थितियों से लड़ते रहे, पर उन परिस्थितियों की छाया को मुझसे दूर रखने की भरपूर कोशिश करते रहे।

शुरू से सपना था कि सीधे ही IAS की तैयारी करूँ, जिसके लिए स्नातक के तुरंत बाद दिल्ली जाऊँ। लेकिन दिल्ली में प्रति माह 10 हज़ार रुपए खर्च करना मुश्किल था, इसलिए जयपुर में ही रहकर SSC में पहले जॉब पाने का फ़ैसला किया। SSC में जॉब लगते ही मानो ख़्वाबों को पंख लग गए हों, क्योंकि अब पैसा आगे मार्ग में बाधा बनने वाला नहीं था। जॉब लगते ही मैं BPL लिस्ट से बाहर आ गया था।

अब वक़्त था जॉब के साथ CSE की पढ़ाई करने का, समय की कमी तो होती थी, पर अब सारे सपने खुली आँख से देखने लगा और प्रत्येक क्षण को पढ़ाई में लगा दिया। सबसे बड़ी मुसीबत तब आन पड़ी, जब नवंबर 2017 में डॉक्टर ने दिल दहला देने वाली बात बताई कि आपके पिता को फेफड़े का कैंसर है और उनके पास ज़्यादा समय नहीं है। यह वह समय था, जब सिविल सेवा मुख्य परीक्षा का रिज़ल्ट आ चुका था और सबसे महत्वपूर्ण पक्ष-साक्षात्कार बाक़ी था। यह समय अत्यंत तनावपूर्ण था, रोज़-रोज़ अपने पिता को मरते देखना और तैयारी करना बेहद मुश्किल था। किंतु जब अंतिम रूप से मेरा चयन हुआ तो उन्होंने ईश्वर को धन्यवाद दिया और बोले कि अब मेरी साधना पूर्ण हुई, अब मुझे जीने की चाह नहीं। कुछ दिनों बाद उन्होंने देह त्याग कर दिया।

एक वाक़िया और ज़ेहन में आता है कि एक व्यक्ति ने मुझे पहले व्यक्तिगत और जातिसूचक गालियों से बेहद अपमानित किया था, सेलेक्शन के पश्चात जब मैंने उनका पैर छुआ तो बोले, "बेटा, तूने अपने गाँव का नाम रौशन कर दिया।" मेरे लिए उनसे सबसे बड़ा प्रतिशोध यही था।

जब मेरे चयन पर सब लोग मुझे साफा बाँध रहे थे तो मेरे द्वारा कोने में खड़ी तथाकथित अछूत महिला के पैर छूकर उनको गले लगाना गाँव के कथित उच्च वर्ण के लोगों के लिए अजीब था। मन-ही-मन उन्हें खीझ भी थी, लेकिन उस महिला का यह कहना कि "बेटा। आज पहली बार मुझे

सम्मान मिला है'', मेरे लिए ज़िम्मेदार सिविल सेवक का पहला आभास था।

'बीपीएल', 'मनरेगा', 'उज्ज्वला', 'स्वच्छ भारत' आदि योजनाओं का व्यक्तिगत रूप से लाभ लेना महसूस कराता है कि किस प्रकार सरकार के प्रयास लोगों के जीवन में परिवर्तन ला सकते हैं। एक आई.ए.एस. अधिकारी के रूप में यही प्रयास होगा कि प्रत्येक वंचित व्यक्ति तक इनका लाभ पहुँचाने में मदद करूँ ताकि उनके सपनों को उड़ान मिले।

***

पिछड़े क्षेत्र से आकर बने स्टेट पी.सी.एस. अधिकारी

दीपक जायसवाल, उत्तर प्रदेश

यू.पी. के कुशीनगर के एक छोटे से गाँव सोहरौना में पैदा हुआ हूँ, जहाँ से हिमालय की शृंखलाएँ दिखती हैं। मेरे दादा खेतों में हल चलाते थे और जब शाम को लौटते तो उनके पैरों के दरारों से ख़ून रिसता था। जब कोई बीमार होता तो कोई ढंग का अस्पताल तक नहीं होता थे। लोग छोटी-छोटी बीमारियों से मर जाते, यह सब देख दुख होता था दिल कचोटता था।

बहुत से मेरे साथ के प्राथमिक पाठशाला में पढ़े बच्चे भूख और ग़रीबी से पढ़ाई छोड़ दूर शहरों में मज़दूरी करने चले गए। लोगों को बहुत आधारभूत ज़रूरतों के लिए अपनी ज़मीन, अपनी माटी छोड़नी पड़ी।

मैं थोड़ा भाग्यशाली रहा कि बारहवीं की पढ़ाई करके मैं दिल्ली आ गया। भारी चका-चौंध थी। पढ़ने वाले धुरंधर थे। कॉन्वेंट और देश के

प्रतिष्ठित स्कूलों से आए हुए बच्चे थे। बहुत प्रतिभावान और हर सलीक़े से समृद्ध-संपन्न। जब गाँव से दिल्ली पहुँचा मुझे इस छोटी सी बात को लेकर भी आश्चर्य होता था कि यहाँ बिजली नहीं गुल होती थी। लाइट चौबीस घंटे आती थी। यहाँ बड़ी-बड़ी लाइब्रेरियाँ थीं और ढेर सारे विद्वान लोग, जिन्हें देखकर आप प्रेरणा ले सकते थे।

गैंने दिल्ली विश्वविद्यालय में प्रवेश लिया और मुझे स्नातक तथा परास्नातक में गोल्ड मेडल भी मिला। मुझे ख़ुशी हुई लेकिन मुझे एहसास था यह बहुत छोटी चीज़ थी बड़े से जीवन के सामने। बाबूजी बचपन में हमेशा मुझसे पूछते पुलिस की बंदूक़ में संगीन क्यों लगा रहता है जबकि सिपाही तो बंदूक़-गोली से लड़ता है? फिर मैं उन्हीं का बताया हुआ जवाब उन्हें देता कि 'ताकि जब कभी बंदूक़ न चले या जाम हो जाए जब गोली ख़त्म हो जाए तब भी सिपाही बंदूक़ के आगे लगे संगीन से लड़ सके, बंदूक़ से भाले की तरह काम लिया जा सके, आपके पास, आपकी ज़िंदगी के पास विकल्प ख़त्म न हो।

यह प्रश्न मेरे सामने फिर था। इसलिए सिविल सेवा की तैयारी करने के साथ-साथ मैंने विकल्प के तौर पर जेआरएफ़ निकाला और पीएचडी करके प्रोफ़ेसर बनने की राह खुली रखी। मेरे पृष्ठभूमि वाले बच्चों के पास उस समय एक बड़ी समस्या आई.ए.एस. और पी.सी.एस. में हिंदी-अँग्रेज़ी माध्यम को लेकर भी थी लेकिन निशांत जैन भैया जैसे लोगों ने इस क़िले को हिंदी माध्यम से भेदकर दिखा दिया था कि यह माध्यम से कहीं ज़्यादा धैर्य और जुनून से जुड़ा हुआ मामला है।

मैं भाग्यशाली रहा कि उत्तर प्रदेश लोक सेवा आयोग की परीक्षा में मुझे प्रथम बार में ही सफलता मिल गयी। जो सपना मैंने अपने गाँव के खेतों के मेड़ों पर खड़े होकर देखा था उसे मैं अब जीने वाला था।

रौशनी की राह किसी घने अँधेरे में भी समाप्त नहीं होती, रात के बाद दिन आता है, तीर को चलाने के लिए प्रत्यंचा को थोड़ा पीछे खींचना होता है। जीवन हताश और निराश होने के लिए नहीं है- 'गिरते हैं शहसवार ही मैदान-ए-जंग में, वह तिफ़्ल क्या गिरे जो घुटनों के बल चले।'

***

हिंदी मीडियम में पढ़कर बने अधिकारी

गंगा सिंह राजपुरोहित, राजस्थान

मैं राजस्थान के बाड़मेर ज़िले का रहने वाला हूँ। मेरा बचपन गाँव में बीता और हाईस्कूल तक की पढ़ाई ग्रामीण स्कूल में हुई। परिवार में सिविल सेवा में तो कोई नहीं था, लेकिन कई लोग विभिन्न सरकारी सेवाओं में थे। 2009 में जब मैंने दसवीं क्लास में स्कूल टॉप किया, तो मेरे शिक्षकों ने मुझे विज्ञान विषय चुनने के लिए प्रोत्साहित किया। मेरे अभिभावकों ने शुरुआत से ही मुझे स्वतंत्रता दी कि मैं अपनी रुचि का विषय पढ़ूँ। इंटरमीडियट में मैंने ज़िला स्तर पर छठा स्थान हासिल किया।

इसके बाद सबने मुझे कहा कि आपको कोटा जाकर आई.आई.टी. की तैयारी करनी चाहिए। लेकिन मैंने जयनारायण व्यास विश्वविद्यालय, जोधपुर में बी.एस.सी. में दाख़िला ले लिया। इसके पीछे कारण यह था कि अपनी पृष्ठभूमि के कारण मैं सरकारी शिक्षण संस्थानों और हिंदी माध्यम के साथ ज़्यादा सहज था। बी.एस.सी. के अंतिम वर्ष 2014 में मैंने सिविल सेवा परीक्षा के बारे में सोचा, क्योंकि अब तक मुझे समझ आ चुका था कि यह सेवा बेहद विस्तृत प्लेटफ़ॉर्म पर कार्य करने का अवसर प्रदान करती है। साथ ही, मेरे जैसी पृष्ठभूमि के लोगों नथमल जी और कानाराम जी को मैंने सफल होते देखा था, तो मेरा विश्वास और सुदृढ़ हो गया।

बी.एस.सी. करने के साथ मैंने सी.डी.एस. और असिस्टेंट कमांडेंट के एग्ज़ाम दिए, साथ ही मुझे 2–3 बार एस.एस.बी. इंटरव्यू देने का भी

मौक़ा मिला, लेकिन उसमें सफलता नहीं मिली। ग्रेजुएशन पूरी होने के बाद मैं दिल्ली आ गया। अक्तूबर 2014 में मैंने निश्चय किया कि अगले वर्ष सिविल सेवा परीक्षा में हिस्सा लूँगा। इसी दौरान मैंने जे.एन.यू. में एम.ए. हिंदी में प्रवेश ले लिया और हिंदी साहित्य को वैकल्पिक विषय चुनकर तैयारी शुरू कर दी। पहले प्रयास में ही प्रारंभिक परीक्षा उत्तीर्ण होने से मेरा आत्मविश्वास काफ़ी बढ़ गया। लेकिन पाठ्यक्रम के पूर्ण नहीं हो पाने तथा समय प्रबंधन की समस्या के कारण मैं उत्तर लेखन अभ्यास नहीं कर पाया। इस वजह से मैं मुख्य परीक्षा में महज़ 16 अंकों से असफल हो गया।

प्रथम प्रयास में असफलता से मैं बिल्कुल भी विचलित नहीं हुआ और मैंने अगले प्रयास के लिए कमर कस ली। जे.एन.यू. में मेरी कक्षा के साथियों के सकारात्मक सहयोग, पुस्तकालय के साथियों के मार्गदर्शन और प्रोफ़ेसर्स की पढ़ाने की शैली ने मेरी समझ को विकसित किया, जिससे मेरी राह काफ़ी सुगम हो गई। दूसरे प्रयास के लिए मेरी अच्छी-ख़ासी तैयारी हो गई थी। साथ ही मेरे एम.ए. हिंदी के सहपाठियों के साथ देश-दुनिया के समसामयिक मुद्दों पर स्वस्थ बहस ने मेरी जानकारी को बढ़ाया और मेरे व्यक्तित्व को भी निखारा। इसी का परिणाम था कि इस बार मुझे ज़बर्दस्त सफलता मिली और मैंने सिविल सेवा परीक्षा 2016 में ऑल इंडिया 33वीं रैंक प्राप्त की। मुझे IAS में गुजरात कैडर मिला है।

सिविल सेवा परीक्षा की तैयारी करने वाले परीक्षार्थियों को मेरी यही सलाह है कि नकारात्मकता एवं डर को अपने ज़ेहन में स्थान न दें। आपकी पृष्ठभूमि और परीक्षा का माध्यम आदि आपकी सफलता में बाधा नहीं हैं। यू.पी.एस.सी. में सफल होने हेतु अनवरत परिश्रम करते रहें एवं आत्मविश्वास बनाकर रखें। मुझे लगता है कि जब मैं कर सकता हूँ, तो आप भी कर सकते हैं। साथ ही, समस्त युवा साथियों से मेरा आग्रह है कि अपनी सोच को हमेशा सकारात्मक रखें। किसी भी प्रकार के बहकावे में न आते हुए स्वतंत्र चिंतन करें और अपने क्षेत्र में उत्कृष्ट प्रदर्शन करें। राष्ट्र का सशक्तीकरण युवाओं के सशक्तीकरण से ही संभव है।

***

असफलताओं से सफलता तक की राह

गौरव सिंह सोगरवाल, राजस्थान

भरतपुर ज़िले के गाँव जघीना के खेती-किसानी के देहाती परिवेश में मेरा बचपन बीता। बचपन से ही पिताजी ने सिविल सेवा के प्रति आकर्षण पैदा किया। ग्रामीण पृष्ठभूमि के कारण सिविल सेवा के प्रति मेरा आकर्षण निरंतर बढ़ता रहा। आमजन की समस्याओं के समाधान एवं राष्ट्र-निर्माण के रूप में सिविल सेवा मेरे लिए एक मिशन बन गया था।

मेरी पारिवारिक पृष्ठभूमि एक निम्न-मध्यवर्गीय ग्रामीण परिवार से जुड़ी हुई है। बचपन से ही कृषि एवं अन्य गतिविधियों में मेरा प्रत्यक्ष अनुभव रहा है। पिताजी अध्यापक थे और माताजी गृहिणी। हम तीन भाई-बहन हैं। बड़ी बहन ने जीव-विज्ञान में पीजी किया है और छोटा भाई एम.बी.ए. के बाद बेंगलुरु में एक बहुराष्ट्रीय कंपनी में कार्यरत है। सिविल सेवा में जाने का सपना मेरे साथ मेरे पिताजी का भी था। एक सड़क दुर्घटना में पिताजी के आकस्मिक देहावसान के बाद दुनिया काफ़ी बदल गई। परिवार एवं आर्थिक संघर्ष के रूप में जीवन के कई सारे उतार-चढ़ावों को देखा। परंतु सिविल सेवा में जाने का सपना अब और भी ज़्यादा दृढ़ हो गया। पुणे से इंजीनियरिंग करने के बाद अपनी वित्तीय बाध्यताओं को पूरा करने के लिए लगभग तीन वर्ष तक नौकरी की। वर्ष 2013 में दिल्ली आ गया।

संघर्ष के दिनों में अपनी पढ़ाई एवं पारिवारिक दायित्त्वों के साथ सामंजस्य स्थापित करना बड़ा दुष्कर रहा। आध्यात्मिकता ने मेरा बहुत

साथ दिया। 'श्रीमद्भगवद् गीता' का नियमित पाठन एवं इस्कॉन के साथ जुड़ाव मेरे लिए मार्गदर्शक की भूमिका में सहयोगी रहे। पहले प्रयास में मेरा प्रारंभिक परीक्षा में 1 अंक से चयन रुक गया, तो वहीं दूसरे प्रयास में 1 अंक से मुख्य परीक्षा में चयनित नहीं हो पाया। इन असफलताओं ने मुझे काफ़ी विचलित किया। परंतु अपने संघर्ष के दिनों की याद करके और आध्यात्मिकता का सहारा लेकर मैंने दृढ़ संकल्पित हो फिर से तैयारी की। इस दौरान मेरा चयन असिस्टेंट कमांडेंट के रूप में BSF में हो चुका था, अत: रोज़गार की चिंता अब ज़्यादा नहीं रही। अपने तीसरे प्रयास में मैंने मुख्य परीक्षा के लिए उत्तर लेखन-शैली पर ध्यान दिया और अपनी कमज़ोरियों को दूर करने का प्रयास किया।

मेरी रणनीति में समाचार-पत्र एक महत्त्वपूर्ण स्थान निभाते हैं। मैंने आसपास घटने वाली घटनाओं पर बारीकी से अपनी समझ विकसित करने की कोशिश की तथा अपनी पृष्ठभूमि और अपने अनुभवों को भी अपने उत्तर में सम्मिलित किया, जिसके परिणामस्वरूप मुझे सामान्य अध्ययन मुख्य परीक्षा में बेहतर अंक मिले। निबंध के लिए समय प्रबंधन व लेखन-शैली में भी सुधार किया। आख़िर मुझे IAS में उत्तर प्रदेश कैडर मिला।

आसपास हो रही घटनाओं पर अपनी समझ विकसित करें। मुद्दे पर नवाचारी समाधान एवं प्रत्यक्ष अनुभवों को विकसित करके उत्तर में शामिल करें। महापुरुषों की जीवनियाँ एवं आध्यात्मिकता आपके व्यक्तित्व को संतुलित करने में मददगार साबित हो सकती हैं। 'निष्काम कर्मयोग' की विचारधारा को भी स्वीकार करने की कोशिश करें।

***

किसान की बेटी का सफ़र : मुरादाबाद से ऑक्सफ़ोर्ड होते हुए IPS तक

इल्मा अफ़रोज़, उत्तर प्रदेश

मेरा नाम इल्मा अफ़रोज़ है। सिविल सेवा परीक्षा में 217 रैंक के साथ मुझे भारतीय पुलिस सेवा (हिमाचल प्रदेश कैडर) आवंटित की गई। मेरा घर क़स्बा कुन्दरकी, ज़िला मुरादाबाद में है। दुनिया भर में मुरादाबाद पीतलनगरी के नाम से मशहूर है। हमारे यहाँ के हुनरमंद कारीगर बड़ी मेहनत से हस्तशिल्प बनाते हैं। मुरादाबाद की गलियों में अपने फ़न में मसरूफ़ कारीगरों से 'सस्टेनेबल प्रोडक्ट्स' का पहला पाठ सीखा।

मेरे पिता एक किसान थे। हर साल अप्रैल में स्कूल का नया सत्र शुरू होता। अप्रैल में ही गेहूँ की फ़सल सरकारी लेवी पर देकर मेरे बाबा, फिर फ़ौरन ही शहर जाके मेरी और भाई की किताबें, पेंसिलें लाते थे। मुझे MSP का फ़ुल फ़ॉर्म तो नहीं पता था तब, लेकिन मेरी किताबों का बंडल ज़रूर आ जाता था।

कभी किसी काम से बाबा अगर ज़िला कलक्ट्रेट या SDM साहब के कार्यालय जाते थे, तो मैं भी साथ चली जाती थी। गाँव -गाँव से ज़रूरतमंदों की भीड़ आई होती थी।

मैं 14 साल की थी जब मेरे बाबा का देहांत हो गया। मेरी अम्मी ने मेरे छोटे भाई की और मेरी परवरिश ख़ुद की। उन्हें अक्सर सुनना पड़ता था कि, "लौंडिया को इतना सर पे मत बिठाओ। यह तो जाने की चीज़ है,

दूसरे के घर की हो जागी।''

अम्मी ने मुझे जीवन में संघर्ष एवं कड़ी मेहनत, लगन एवं अटूट विश्वास के ज़रिये अपने पैरों के नीचे की ज़मीन ढूँढ़ने की, निरंतर आगे बढ़ने की सीख दी। शिकायत करने, कमियाँ निकालने के बजाय वक़्त और हालात की आँखों में आँखें डालकर मुक़ाबला करना सिखाया। ख़ामियाँ, चुनौतियाँ चाहें कितनी भी हों, अम्मी हमेशा सिखाती हैं कि, तुझे अर्जुन जी की तरह सिर्फ़ मछली की आँख दिखनी चाहिए।

एक बार छात्रवृत्ति के काम से मैं कलक्ट्रेट गई थी। दफ़्तर के बाहर खड़े सफ़ेद वर्दी वाले अर्दली ने कहा ''किसी बड़े के साथ आओ। बच्चों का क्या काम.. ?'' मैं सीधे अंदर चली गई। स्कूल की वर्दी में एक छात्रा को देखकर डीएम साहब मुस्कुराये, मेरे फ़ॉर्म पर हस्ताक्षर किया और बोले – ''सिविल सर्विसेज ज्वॉइन करो इल्मा!''

दिल्ली यूनिवर्सिटी के प्रतिष्ठित सेंट स्टीफ़ेंस कॉलेज से मैंने दर्शनशास्त्र में बी. ए. ऑनर्स डिग्री हासिल की। जो तीन साल मैंने सेंट स्टीफ़ेंस कॉलेज के प्रांगण में बिताए वो अब तक की मेरी ज़िंदगी के सबसे प्यारे साल हैं।

सेंट स्टीफ़ेंस कॉलेज में हर शुक्रवार की दोपहर होने वाली दर्शनशास्त्र समिति की बैठकों मैं मैंने ख़ुद से पेपर लिखकर, विषय वस्तु पर लाजवाब विद्वानों से शास्त्रार्थ करने का अनूठा अनुभव प्राप्त किया। सेंट स्टीफ़ेंस कॉलेज में दर्शनशास्त्र की क्लास में जैन दर्शन के 'अनेकांतवाद' एवं 'स्यादवाद' को पढ़ा था। ऑक्सफ़ोर्ड यूनियन में वाद-विवाद करते हुए, यहाँ विचारों की विविधता में, जीवन शैलियों की बहुलता में भारतीय दर्शन को आत्मसात करने का लाभ मिला। भारतीय दर्शन विषय मैंने कर्मयोग पढ़ा। कर्मण्येवाधिकारस्ते मा फलेषु कदाचन... यानी आसक्तिरहित होकर कर्म करना चाहिए।

ऑक्सफ़ोर्ड विश्विद्यालय, इंग्लैंड के वुल्फ्सन कॉलेज से मैंने स्नातकोत्तर उपाधि प्राप्त की। दुनिया भर से आए छात्रों से विचारों का आदान-प्रदान करना, उनके नज़रिये को समझना, दुनिया में नित नये नवाचारों से प्रेरणा लेना मैंने ऑक्सफ़ोर्ड यूनियन में सीखा। उसके बाद

न्यूयॉर्क सिटी में कार्य करने का अनुभव प्राप्त किया।

न्यूयॉर्क की चमक-दमक के बीच हमेशा अपनों का ख़याल आता था कि अम्मी वहाँ कुन्दरकी में अकेली हैं, उनको मेरी ज़रूरत है। क्या मेरी शिक्षा इसलिए है कि वह किसी दूसरे मुल्क की ग्रोथ स्टोरी का हिस्सा बने? जब भी मैं कभी छुट्टियों में घर वापस आती थी, लोगों की आँखें मुझे देखकर चमक जातीं- "हमारी लल्ली जहाज में उड़ के गई थी पढ़ने!" कि शायद मेरी शिक्षा से उनकी ज़िंदगी में कुछ सुकून आ जाए.... मैंने देश वापस आने का फ़ैसला कर लिया।

अपने भाई के प्रोत्साहन पर मैंने सिविल सेवा की परीक्षा दी। सिविल सेवा की परीक्षा में अपने आस-पास की घटनाओं पर पैनी नज़र रखने से बहुत मदद मिलती है। पुस्तकालय/रीडिंग कक्ष जाना अच्छा रहता है। सिविल सेवा परीक्षा में मेरा वैकल्पिक विषय दर्शनशास्त्र था। मैंने केवल बी.ए. (दर्शनशास्त्र) में सेंट स्टीफ़ेंस कॉलेज मैं पढ़ी गई किताबों को दोहराया। अभ्यर्थी अक्सर विश्विद्यालय में बी.ए. पाठ्यक्रम में पढ़ाई जाने वाली चुनिंदा मुख्य किताबें पढ़ने के बजाय तमाम तरह के नोट्स, गाइड बुक्स का अम्बार कमरे में लगा लेते हैं।

सेंट स्टीफ़ेंस कॉलेज में पहले दिन मैंने कॉलेज के सभागार में मोटे-मोटे अक्षरों में लिखा हुआ पढ़ा था- "सत्यमेव विजयते नानृतम" (मुण्डक उपनिषद)। यह कॉलेज में मेरा पहला पाठ था और हमेशा मुझे रास्ता दिखाएगा।

***

पहाड़-सी चुनौतियों से लड़कर बने अधिकारी

कंचन काण्डपाल, उत्तराखंड

शब्दों व भावों का संघर्ष सदियों से चला आ रहा है। भावों की सटीक अभिव्यक्ति के लिए शब्द जितनी ऊँची छलांग लगाते हैं, भावनाएँ उससे कई गुनी ऊँची दीवार खड़ी कर देती हैं, शब्द थक-हारकर चूर हो जाते हैं और 'ज्यों गूँगा मीठे फल को रसिया' वाली बात कहकर मन को संतोष करना पड़ता है। 31 मई, 2017 का दिन मेरे लिए कुछ ऐसा ही था, शाम के लगभग 7 बजे थे, नैनीताल की गर्मियों की 'ठंडी हवा' के बीच UPSC के फ़ाइनल रिज़ल्ट की PDF में अपना नाम देखना, सचमुच में अविस्मरणीय, अवर्णनीय पल था। ईश्वर की अनुकम्पा, परिजनों के आशीर्वाद व गुरुजनों के सहयोग ने जीवन को एक नया मंच दे दिया था, वर्षों से जिस पद की ओर टकटकी लगाकर देखा करते थे, आज वही IPS का पद अपने हाथ में था।

मेरा जन्म 1994 में नैनीताल में हुआ और शैक्षणिक माहौल परंपरा से मिलने के कारण सर्वश्रेष्ठ अंकों के साथ अपनी स्कूली शिक्षा पूर्ण की। कक्षा 10 में राज्य वरीयता सूची में तीसरा स्थान व 12वीं में राज्य में प्रथम स्थान प्राप्त हुआ। उसी वर्ष राज्य के प्रतिष्ठित पंतनगर विश्वविद्यालय में बी.टेक. पाठ्यक्रम में प्रवेश लिया, वर्ष 2015 में स्नातक पूरा होने के साथ ही कैम्पस प्लेसमेंट हाथ में था, जब सभी साथी नौकरी पकड़कर मौज-मस्ती की भावी योजनाएँ बना रहे थे, उसी समय मन में एक ख़याल

आया, जन्म से मृत्यु तक की यात्रा तो सबको तय करनी है। हमारे इंसान होने की सार्थकता इसी बात में है कि समाज को हम क्या सौंपकर जाते हैं। बस यही विचार सिविल सेवा की तरफ़ अंतिम प्रेरणा साबित हुआ और किताबों की, मार्गदर्शन की खोज ने मुझे UPSC के मक्का यानी कि दिल्ली पहुँचा दिया।

युवाओं के मन में UPSC क्लियर करने के सपनों, एक नये कल की उम्मीदों के अलावा यहाँ दिल्ली में एक भय अंदर-ही-अंदर सबको खाए जा रहा था, वह था-हिंदी माध्यम के साथ यू.पी.एस.सी का भेदभाव। मुखर्जी नगर पहुँचते ही एक बात सबने मन में बैठा दी, हिंदी माध्यम से परीक्षा उत्तीर्ण करना उतना ही मुश्किल है, जितना किसी बॉलीवुड फ़िल्म को ऑस्कर से नवाज़ा जाना। इसी भय के बीच कुछ सुझाव माध्यम बदल लेने के लिए भी प्रेरित कर रहे थे, हिंदी माध्यम का परीक्षाफल वर्ष-दर-वर्ष ख़राब होता जा रहा था और कुछ परीक्षार्थी या तो अपने सपनों को तिलांजली देने को मजबूर हो रहे थे, तो वहीं कुछ इस पहाड़ सरीखी चुनौती से लड़ने-झगड़ने को भी तैयार थे। इन्हीं जुझारू परीक्षार्थियों में से ही कुछ 'किरण कौशल, निशांत जैन, प्रेम सुख डेलू' बनकर प्रेरणा के रूप में भी स्थापित हो चुके थे।

बस, *'दे दी चुनौती सिंधु को, तब धार क्या, मझधार क्या?'* और हम भी कूद पड़े इस 'महासंग्राम' में और साथियों, सच बताना चाहूँगा, हिंदी इस पूरी यात्रा में कमज़ोरी नहीं, बल्कि एक ताक़त के रूप में साथ रही।

2016 मार्च में उत्तर प्रदेश सिविल सेवा प्रारंभिक परीक्षा, अगस्त में UPSC सिविल सेवा प्रारंभिक परीक्षा, सितम्बर में राजस्थान व जनवरी-2017 में उत्तराखंड सिविल सेवा प्रारंभिक परीक्षा में लगातार उत्तीर्ण होता चला गया। उत्साह अपने चरम पर था और इसी उत्साह के बीच दो राज्यों की मुख्य परीक्षा व यू.पी.एस.सी. का इंटरव्यू दिया।

मई 2017 में 263वीं रैंक के साथ IPS सेवा की प्राप्ति हुई, और उस दिन उन सारे भय, आशंकाओं का भी अंत हो गया, जो छोटे शहर के युवाओं, सापेक्षिक रूप से कम संसाधन संपन्न क्षेत्रीय भाषाओं के परीक्षार्थियों को बड़े सपने देखने से रोकती है। दो राज्यों की सिविल

सेवाओं की इंटरव्यू कॉल तथा IPS एक वर्ष के भीतर मिलना यदि संभव हुआ, तो इसका सीधा-सा अर्थ है कि अगर दृढ़ निश्चय, कुशल रणनीति व बेहतर मार्गदर्शन से अनवरत प्रयत्न किया जाएँ तो सफलता निश्चित रूप से आपके क़दम चूमेगी।

युवा साथियों से यही कहूँगा कि-

ऊँचाइयाँ अगर बुलंद हो,
तो मौजूद हैं रास्ते,
हमें तो निकलना है बस,
तरक़्क़ी के वास्ते।

***

गाँव के सरकारी स्कूल से पढ़कर बने अफ़सर

मोहम्मद मुश्ताक़, बिहार

बचपन में मैंने कहीं पढ़ा था कि 'ज़िद करो, दुनिया बदल सकती है।' लेकिन उस समय ये मेरे लिए मात्र शब्द थे। लेकिन आज यह एहसास होता है कि ये मात्र शब्द ही नहीं हैं, बल्कि आपके जीवन को परिवर्तित करने की क्षमता रखते हैं। मेरी सफलता की कहानी काफ़ी हद तक इसी ज़िद के आस-पास घूमती है।

मैं एक अति साधारण ग्रामीण परिवार से हूँ। बिहार का एक ऐसा गाँव, जहाँ बिजली तक नहीं थी। मेरी स्कूली शिक्षा (मैट्रिक, इंटरमीडिएट) गाँव

के ही एक सरकारी स्कूल से हुई। स्नातक मैंने पटना विश्वविद्यालय से पत्राचार के माध्यम से वर्ष 2008 में किया।

सिविल सेवा का विचार तो इंटरमीडिएट के समय ही आ गया था, लेकिन कोई मार्गदर्शन देने वाला, तैयारी के बारे में बताने वाला नहीं था। शुरुआती दौर में परिवार भी इस क्षेत्र की अनिश्चितता को लेकर चिंतित था। मेरे साथ पढ़ने वाले अधिकतर मित्र भारतीय वायुसेना, आर्मी, नौसेना में मैट्रिक करने के बाद चले गए। अतः मैंने भी शुरुआत में एन.डी.ए. में जाने का निर्णय किया। लेकिन अँग्रेज़ी तो आती नहीं थी, इसलिए पी.टी. में ही असफल हो गया। इस तरह प्रतियोगी परीक्षा की शुरुआत असफलता के साथ हुई।

एन.डी.ए. में असफलता ने मेरी ज़िद को और भी मज़बूत कर दिया। मैंने तय किया कि मुझे अब सिविल सेवा की तैयारी ही करनी है। वर्ष 2009 में 21 साल की उम्र में सिविल सेवा का पी.टी. दिया, वह भी बिना मुख्य परीक्षा की तैयारी के। प्रथम प्रयास में पी.टी. में पास भी हो गया। अब तो लगने लगा कि मैं सिविल सेवक बन ही गया हूँ। किंतु यह बहुत बड़ी भूल थी। परिणाम भी तय था। मैं मुख्य परीक्षा में असफल रहा।

सबसे बड़ा आघात तो वर्ष 2011 में सी-सैट के साथ PT में असफलता से लगा। अब तो चारों तरफ़ तनाव, निराशा, स्वयं के ऊपर विश्वास का कम होना, अकेले पार्क में बैठना और ख़ुद से बात करना—यही मेरी दिनचर्या बन गई थी। घरवालों की तरफ़ से भी दबाव था कि कोई अन्य नौकरी क्यों नहीं करते।

मेरे परिवारवालों, मित्रों व गुरुजनों के निरंतर प्रोत्साहन और सहयोग से मैं इस निराशा से निकल सका। ख़ैर, मैंने CPF की परीक्षा दी और पहले प्रयास में मेरी वर्ष 2011 की परीक्षा में 121वीं रैंक आ गई। इससे मेरा टूटा हुआ मनोबल व आत्मविश्वास वापस आ गया।

अगले साल फिर से यू.पी.एस.सी. की परीक्षा दी। इस साल तैयारी पहले से कुछ बेहतर थी। अंततः इस साल मेरा चयन आई.आर.एस. के लिए हो गया। यह आश्चर्य था। एक ऐसी सफलता, जिसका किसी को भरोसा नहीं था। लेकिन मेरी ज़िद, कठोर मेहनत, हार न मानने की दृढ़ इच्छा, घर

वालों का निरंतर सहयोग, मित्रों का भरोसा, गुरुजनों का आशीर्वाद और अच्छे मार्गदर्शन ने अंततः मुझे सिविल सेवक बना ही दिया।

हालाँकि मैंने यहाँ भी हार नहीं मानी और निरंतर आगे बढ़ने का प्रयास करता रहा। इसी के फलस्वरूप सिविल सेवा परीक्षा 2015 में एक बार पुनः मेरा चयन आई.पी.एस. के लिए हुआ है।

***

बिना किसी कोचिंग के 23 साल की उम्र में बनीं IAS

पूजा पार्थ, राजस्थान

मुझे सिविल सेवा परीक्षा 2014 में 163वाँ स्थान मिला। मैं आई.ए.एस. सेवा के लिए चुनी गई और मुझे राजस्थान कैडर मिला। मैं अपने माता-पिता और पाँच भाई-बहनों के साथ रही हूँ। मेरे पिता मेडिकल कॉलेज में लाइब्रेरियन हैं, अतः मुझे परिवार में सदैव शैक्षिक वातावरण मिला।

दसवीं कक्षा तक मैं स्थानीय (हिंदी माध्यम) विद्यालय में पढ़ी। उसके पश्चात् मेरे पिता ने मुझे डिप्लोमा इंजीनियरिंग कराने का निर्णय किया। अतः मैंने स्थानीय राजकीय पॉलिटेक्निक कॉलेज, कोटा में इलेक्ट्रॉनिक्स एंड कम्युनिकेशन शाखा में प्रवेश लिया।

इसके पश्चात् मैंने वर्ष 2011 में जानकी देवी बजाज राजकीय कन्या महाविद्यालय, कोटा में बी.ए. में प्रवेश लिया। मैंने प्रथम वर्ष के साथ ही पटवारी की परीक्षा भी दी थी, जिसमें मैं अनुत्तीर्ण रही। ग्रेजुएशन मैंने इतिहास, समाजशास्त्र व दर्शनशास्त्र विषय से उत्तीर्ण किया। मैंने बी.ए.

तृतीय वर्ष में पुन: पटवारी की परीक्षा दी और उत्तीर्ण किया। मुझे पटवारी के रूप में ज्वॉइनिंग लेटर मिला, परंतु मैंने ज्वॉइन नहीं किया।

सिविल सेवा में आने का विचार मेरे मन में विद्यालय समय से ही था। मेरे पिता का मानना था कि मुझे अपने पैरों पर खड़े होना चाहिए। वे एक पिता और मार्गदर्शक के रूप में हमेशा मेरा हौसला बढ़ाते रहे, क्योंकि मैं एक सामान्य मध्यमवर्गीय परिवार से हूँ और पाँच भाई-बहनों में पली-बढ़ी हूँ। परंतु वे हमेशा मुझे पढ़ने के लिए प्रेरित करते रहे।

ग्रेजुएशन के पश्चात चूँकि मैं 21 वर्ष की नहीं थी, अत: मैंने पहले एम.ए. में समाजशास्त्र विषय के साथ प्रवेश किया। इसी के साथ वर्ष 2013 में मैंने राजस्थान की RAS (Pre) परीक्षा दी। उसी समय से मैंने सामान्य ज्ञान से संबंधित तैयारी शुरू कर दी थी। एम.ए. फ़ाइनल के साथ मैंने IAS (Pre) 2014 का एग्ज़ाम दिया। करंट अफ़ेयर्स के लिए मैं सबसे ज़्यादा न्यूज़पेपर (हिंदी) पढ़ती थी। 'प्रतियोगिता दर्पण' पत्रिका मैं नियमित रूप से पढ़ती रहती थी। इसी के साथ सी-सैट के गणित संबंधी सवालों के लिए मैंने शॉर्ट ट्रिक मेथड्स का प्रयोग किया। प्रीलिम्स के तुरंत बाद मैंने अपने विषय पर फ़ोकस किया, ताकि यदि प्रीलिम्स क्लियर न हो तो एम.ए. फ़ाइनल के लिए समाजशास्त्र तैयार हो सके।

अक्तूबर में प्री में चयन हो जाने के बाद मैंने चारों सामान्य ज्ञान के पेपर्स पर ध्यान दिया। इन सबके साथ पत्रिकाएँ और न्यूज़पेपर्स के द्वारा नवीनतम जानकारियाँ, देश-दुनिया में होने वाली घटनाएँ, उन पर विशेषज्ञों के लेख आदि के द्वारा राय बनाने में मदद मिली।

निबंध के लिए मैंने अलग से किसी विशेष टॉपिक पर तैयारी नहीं की; परंतु किसी भी विषय पर लेख लिखने का तरीक़ा क्रमवार होना चाहिए, यह 'प्रतियोगिता दर्पण' के लेख से सीखा। मैंने किसी भी विषय की शुरुआत विभिन्न पहलू और अंत में निष्कर्ष लिखते हुए निबंध लिखना सीखा।

इंटरव्यू के लिए मैंने करेंट अफ़ेयर्स पर सबसे ज़्यादा ध्यान दिया। विभिन्न मुद्दों पर क्या और कैसे राय रखी जाए, इस पर प्रैक्टिस की। यद्यपि मैंने किसी संस्थान में कोई मॉक इंटरव्यू नहीं दिया, परंतु अपने पिता के समक्ष साक्षात्कार की प्रैक्टिस की। मेरा साक्षात्कार हेमचंद गुप्ता

सर के बोर्ड में था। बोर्ड ने मुझसे मेरे DAF फ़ॉर्म, गुर्जर आंदोलन, राष्ट्रीय न्यायिक आयोग, बाल अपराधी की उम्र कम करने, सीरियल्स का समाज पर प्रभाव, 26/11 के आतंकी हमले के समय मीडिया की भूमिका एवं कश्मीर समस्या जैसे मुद्दों पर प्रश्न किया। मेरा साक्षात्कार पूर्ण रूप से हिंदी में हुआ। इस प्रकार मैंने पूरी तैयारी में बग़ैर किसी कोचिंग के सी.एस.ई. 2014 परीक्षा का चक्र पूरा किया।

***

प्रेग्नेंसी के दौरान UPSC पास कर बनीं अफ़सर

डॉ. प्रज्ञा जैन, उत्तर प्रदेश

इस दुनिया में हर व्यक्ति का अपना अलग स्वभाव और व्यक्तित्व होता है। हर किसी के अंदर कुछ अच्छाई तथा कुछ बुराई होती है। ये विशेषताएँ उस व्यक्ति को दूसरों से अलग बनाती हैं और उसकी पहचान बन जाती हैं।

किंतु व्यक्तित्व का निर्माण एक दिन में नहीं होता है। यह एक निरंतर चलने वाली प्रक्रिया है। इसके निर्माण में हमारे परिवार, समाज, शिक्षा, अनुभव एवं हमारी सोच का बहुत बड़ा योगदान है। मेरे व्यक्तित्व का निर्माण भी एक चुनौतीपूर्ण एवं रोचक यात्रा का ही परिणाम है।

मेरी प्रारंभिक शिक्षा एक छोटे से क़स्बे बड़ौत में हुई है। यह एक तहसील है, जो पश्चिमी उत्तर प्रदेश के बागपत ज़िले में स्थित है। पिता आयुर्वेदिक डॉक्टर हैं तथा माँ दिल्ली यूनिवर्सिटी से स्नातक हैं। प्रारंभ से

ही माता-पिता ने अच्छी शिक्षा पर बहुत बल दिया था। 10वीं तथा 12वीं कक्षा में जिला स्तर पर प्रथम रैंक प्राप्त हुई। हमेशा से ही तकलीफ़ में फँसे लोगों का दुख-दर्द देखकर मन उद्वेलित हो जाता था। इसी कारण डॉक्टर बनने का निर्णय लिया।

पहले बड़ौत में और शादी के बाद दिल्ली में अपना क्लीनिक खोला और तन्मयता के साथ लोगों की मदद की। खुद से जितना बन पड़ा, उतना ग़रीब बेसहारा लोगों की मदद की। किंतु कुछ सालों बाद यह लगने लगा कि शायद यह प्लेटफ़ॉर्म छोटा है, संसाधन सीमित हैं। यही सोचकर UPSC की परीक्षा देने का निर्णय लिया। पहले प्रयास में साक्षात्कार के बाद केवल कुछ अंकों के कारण फ़ाइनल लिस्ट में जगह नहीं मिल पाई, वहीं दूसरे प्रयास में स्वास्थ्य ख़राब होने और मानसिक तनाव के कारण प्रारंभिक परीक्षा में भी सफलता हासिल नहीं हुई।

तीसरे प्रयास के समय प्रेगनेंसी में बेड रेस्ट की सलाह होने के बावजूद मैंने हिम्मत नहीं हारी तथा हौसला रखकर परीक्षा से साक्षात्कार तक का सफ़र तय किया। आख़िरकार तीसरे प्रयास में सफलता हासिल हुई तथा भारतीय पुलिस सेवा में चयन हुआ।

सामाजिक जागरूकता तथा देशप्रेम की अभिव्यक्ति का अवसर खाकी ने दिया। किंतु यहाँ भी नई चुनौतियाँ थी। ट्रेनिंग के समय 6 माह की बेटी को छोड़कर जाना भी बहुत मुश्किल था तथा प्रेगनेंसी के बाद शारीरिक व्यायाम जैसे कि 16 किमी की दौड़, घुड़सवारी, तैराकी इत्यादि के स्तर को पाना भी मुश्किल था। साइकिलिंग के दौरान हुई दुर्घटना में दोनों हाथों की हड्डी में फ्रैक्चर भी हुआ परंतु हौसले एवं सकारात्मक सोच को नहीं छोड़ा। इन्हीं के बल पर न केवल इन सभी चुनौतियों का सामना किया अपितु स्वयं के लिए एक नई दिशा भी मिली।

हर व्यक्ति विशेष होता है। हर किसी में अपनी ख़ूबियाँ होती हैं। बस अपने नज़रिए पर निर्भर करता है कि हमारा जीवन किस ओर अग्रसर होता है।

***

रेलवे में गैंगमैन से IPS अफ़सर तक का सफ़र

प्रहलाद मीणा, राजस्थान

मैं राजस्थान राज्य के दौसा जिले के एक छोटे से गाँव आभानेरी (रामगढ़ पचवारा) से हूँ। ग्रामीण किसान परिवार से ताल्लुक़ रखता हूँ। हमारे पास दो बीघा ज़मीन थी, जिसमें घर चला पाना मुश्किल था तो माँ-पिताजी दूसरों के खेतों में बँटाई (साझे) में खेती करके परिवार को चलाते थे।

हमारे क्षेत्र में शिक्षा के प्रति जागरूकता का अभाव था। मैं कक्षा में हमेशा प्रथम दर्जे का विद्यार्थी रहा। फिर भी यह मुकाम तय करने की तो कभी सपने में भी नहीं सोचता था। मैंने अपनी 12वीं तक की पढ़ाई सरकारी स्कूल से ही की है। 10वीं कक्षा का परिणाम आया, तो मैं अपने स्कूल में प्रथम स्थान पर आया था। मेरा भी मन था और कई लोगों ने कहा कि मुझे साइंस विषय लेना चाहिए। मैं भी इंजीनियर बनने का सपना देखता था लेकिन मेरे परिवार की स्थिति ऐसी नहीं थी कि वह मुझे बाहर पढ़ा सके और खर्चा उठा सके, क्योंकि मेरे गाँव के आस-पास विज्ञान विषय का कोई स्कूल नहीं था। मैंने इन सब चीज़ों को भुलाकर वापस 11वीं में अपने सरकारी स्कूल में एडमिशन ले लिया था और मानविकी विषयों के साथ पढ़ाई जारी रही।

12वीं में भी मैं अपनी कक्षा में स्कूल में प्रथम स्थान पर रहा था लेकिन अब मेरी प्राथमिकता बदल गई थी। अब मुझे सबसे पहले नौकरी चाहिए थी क्योंकि परिवार की इतनी अच्छी आर्थिक दशा नहीं थी कि वह मुझे

जयपुर किराए पर कमरा दिलाकर पढ़ा सके।

मेरी सफलता के पीछे का जो सबसे बड़ा कारण है, वह है मेरे माता-पिता द्वारा मुझे जयपुर के राजस्थान कॉलेज में प्रवेश दिलाना। वहाँ मेरी ऐसे अच्छे-अच्छे दोस्तों से जानकारी हुई और मुझे विश्वास हो गया कि शायद सिविल सेवा में नहीं तो, पर मैं एक अच्छी नौकरी ज़रूर पा लूँगा।

निम्न वर्गीय परिवार की पृष्ठभूमि से होने को ध्यान में रखते हुए, मेरे लिए एक अच्छी नौकरी खोजना बहुत महत्त्वपूर्ण था। बारहवीं कक्षा में था तब हमारे गाँव से एक लड़के का चयन भारतीय रेलवे में ग्रुप डी (गैंगमैन) में हुआ था तो उस समय मैंने भी अपना लक्ष्य गैंगमैन बनने का बना लिया और तैयारी करने लग गया। बी.ए. के दौरान मेरा चयन भारतीय रेलवे के भुवनेश्वर बोर्ड से गैंगमैन के पद पर हो गया। मैंने पढ़ाई जारी रखी और उसी साल मेरा चयन भारतीय स्टेट बैंक में सहायक (एलडीसी) के पद पर हो गया। वहाँ नौकरी के साथ मैंने बी.ए. किया तथा आगे की पढ़ाई जारी रखी। 2010 में मेरा चयन भारतीय स्टेट बैंक में अधिकारी के पद पर हो गया।

मैंने SSC द्वारा आयोजित होने वाली संयुक्त स्नातक स्तरीय परीक्षा दी तथा उसमें मुझे रेलवे मंत्रालय में सहायक अनुभाग अधिकारी के पद पर पदस्थापन मिला। चूँकि अब दिल्ली से ही मैं घर की सभी ज़िम्मेदारियों को बख़ूबी निभा रहा था और उस के साथ ही मैंने सिविल सेवा परीक्षा की तैयारी भी आरंभ कर दी।

परीक्षा की तैयारी करने के पीछे मेरा एक लालच यह भी था कि मैं अपने क्षेत्र से पहला सिविल सर्वेंट बनना चाहता था। साल 2015 की सिविल सेवा परीक्षा में में प्रारंभिक परीक्षा ही उत्तीर्ण नहीं कर पाया। आई.ए.एस. की परीक्षा में लगातार असफलताओं के बाद भी मैंने अपना प्रयास जारी रखा। इसके बाद मेरी मेहनत सफल हुई। इस तरह मेरी सफलता की यात्रा में उतार-चढ़ाव की पगडंडी बहुत लंबी और संघर्ष भरी रही। लेकिन 'अंत भला तो सब भला।'

अगली बार जब मैं सिविल सेवा परीक्षा में बैठा तो ना सिर्फ़ मैंने प्रारंभिक परीक्षा पास की, बल्कि मेरा फ़ाइनल सेलेक्शन भी हुआ और मुझे

भारतीय पुलिस सेवा में उड़ीसा कैडर आवंटित हुआ। फ़ाइनल सेलेक्शन में निशान्त सर के वीडियोज और किताबों से मदद मिली और निबंध की किताब को पढ़कर निबंध में मेरे अंक लगभग दोगुने हो गए। 2014 के 80 नंबर, 2016 में 160 नंबर में बदल गए और मैं फ़ाइनली चयनित हो गया।

जो भी दोस्त किसी भी कंपटीटिव एग्ज़ाम की तैयारी कर रहे हैं, उनको मैं एक व्यक्तिगत सलाह देना चाहता हूँ कि वे आई.ए.एस. निशांत जैन सर की मोटिवेशनल किताब 'रुक जाना नहीं' ज़रूर पढ़ें।

***

मुश्किलों को हराकर 23 साल की उम्र में बने प्रोफ़ेसर

प्रशांत रमण रवि, बिहार

मेरा जन्म बिहार के पश्चिम चंपारण के एक गाँव पतिलार में हुआ। हाँ, यह वही चंपारण है, जहाँ से गाँधीजी ने सत्याग्रह आंदोलन की शुरुआत की थी।

बचपन अपने सुरूर में सपनों की सतरंगी दुनिया से बाख़बर हो बस बहता जा रहा था। सरकारी स्कूल में बोरे की राजगद्दी, शरारतों पर मास्टर साहब से पिटना, क्रिकेट का जुनून और दोस्तों के साथ मस्ती, इतनी-सी दुनिया थी। तभी गाँव में एक स्कूल खुला 'सरस्वती शिशु मंदिर' और पिता जी ने इसमें दाख़िला करवा दिया। मेरी आगे की पढ़ाई इसी स्कूल में हुई।

जीवन अपने प्रवाह में ख़ुशियों की सुरीली तान लिए बहता जा रहा था। पिता बहुत पढ़े-लिखे किसान थे। खेती से एक सीमित आमदनी में परिवार का गुज़ारा हो जाता था। यहाँ तक तो सब ठीक था लेकिन एक दिन पता चला कि माँ को यूट्रस कैंसर हो गया है। छोटी-सी उम्र में बस इतना पता था कि यह बहुत ख़तरनाक बीमारी होती है और इलाज का खर्चा बहुत आता है। यह ख़बर सुनते ही दिल बैठ गया।

माँ अक्सर कहतीं कि मैं ठीक हूँ और मुझे कुछ नहीं होगा क्योंकि मेरे बच्चे छोटे हैं और मुझे उनके लिए हर हाल में जीना है। माँ की हर बात पर मुझे बचपन से बहुत यक़ीन रहा। मैं यही सोचता रहता कि माँ अगर कहती हैं कि उनको कुछ नहीं होगा तो सच में कुछ नहीं होगा उनको।

कभी-कभी मैं पापा से पूछता, पापा आप इतने पढ़े-लिखे हैं, अपने ज़माने के M.A. फर्स्ट क्लास हैं, फिर आपको नौकरी क्यों नहीं मिली? वह मुस्कुरा देते और कहते कि एक मिली थी। मैं पूछता फिर कब मिलेगी? वे कहते कि मिल जाएगी। सुप्रीम कोर्ट में केस चल रहा है।

आख़िरकार उनको लंबे संघर्ष के बाद 2012 में उन्हें नौकरी मिली, तब तक मैं B.A. फ़ाइनल ईयर में पहुँच गया था। कैंसर पर माँ की जीत दरअसल उनके विश्वास की जीत थी। लंबे समय तक चले उनके ट्रीटमेंट और परिवार की परेशानियों में बहुत बार ऐसा लगा कि शायद पढ़ाई भी पूरी हो पाएगी या नहीं, पता नहीं। लेकिन माँ के विश्वास के आगे परेशानियों ने दम तोड़ दिए। वह स्वस्थ हुईं और पापा को नौकरी भी मिली।

विषय चयन को लेकर घर से कभी किसी का कोई दबाव नहीं रहा। यह मेरा अपना डर था। साइंस ले तो लिया लेकिन मन नहीं लगता था। मैंने B.H.U में आर्ट्स के लिए एंट्रेंस दिया और चयनित हुआ। फिर अपना मनपसंद विषय हिंदी साहित्य चुना और पढ़ने में मज़ा आने लगा।

मैं अपने शिक्षक प्रो़फ़ेसरों को देखता, उनको सुनता, युवाओं के साथ उनके भावात्मक और संवादी रिश्ते को देखता तो एक आकर्षण इस पेशे में भी आने का होता। लेकिन I.A.S. का ग्लैमर मुझे बहुत खींचता था। ऐसे में मेरी मदद पटना यूनिवर्सिटी के मेरे गुरुवर प्रो़फ़ेसर मटुकनाथ चौधरी ने की। उन्होंने एक दिन मुझे समझाया कि I.A.S. बनो या प्रो़फ़ेसर महत्त्वपूर्ण

यह है कि दोनों सेवा के माध्यम हैं। देखना यह है कि तुम्हें किस काम को करने में ज़्यादा ख़ुशी मिलती है। काम वही करो जो तुम्हारी रुचि में हो, जिसे करते हुए तुम्हें ज़िंदगी ख़ूबसूरत लगे।

उनकी यह बात दिल को छू गई और जल्द ही मैंने तय कर लिया कि मुझे मेरी प्रकृति और रुचि के हिसाब से प्रो.फ़ेसर ही बनना चाहिए। मैं पटना यूनिवर्सिटी का गोल्ड मेडलिस्ट बना और M.A. करते हुए ही 2015 में मैं UGC नेट की परीक्षा में JRF के लिए चयनित हुआ।

इसी दौरान दिल्ली यूनिवर्सिटी में मेरा चयन M.Phil. के लिए हो गया। मेरे बड़े भाई हेमंत रमण रवि ने भी इस दौरान मुझे बहुत प्यार और मार्गदर्शन दिया। तभी M.Phil. के दौरान पता चला कि हिमाचल प्रदेश यूनिवर्सिटी में पब्लिक सर्विस कमीशन द्वारा असिस्टेंट प्रो.फ़ेसर की भर्ती के लिए फ़ॉर्म आया है। मैंने फ़ॉर्म भरा और जी-जान से उसकी तैयारी में लग गया। परीक्षा बहुत शानदार हुई थी, उम्मीद थी कि साक्षात्कार के लिए भी बुलावा आएगा। परीक्षा के बाद जमकर साक्षात्कार की तैयारी करता रहा। जब इंटरव्यू देने गया तो सबसे पहले बोर्ड के एक सदस्य ने कहा कि आप तो बच्चे हैं अभी, प्रो.फ़ेसर जैसे तो लग नहीं रहे?

ख़ैर, जब फ़ाइनल रिज़ल्ट आया तो पहले प्रयास में ही मैं मेरिट लिस्ट में चयनित था। यह चयन एक बहुत सुखद, रोमांचक और अप्रतिग एहसास से भर देनेवाला था। मुझे यक़ीन हो गया कि सच में माँ की बातें कभी ग़लत नहीं होतीं।

मेरी नियुक्ति हिमाचल प्रदेश यूनिवर्सिटी के गवर्नमेंट पी.जी. कॉलेज, चम्बा में बतौर असिस्टेंट प्रो.फ़ेसर हो गई। यह उपलब्धि मेरी मेहनत, विश्वास और माँ के विश्वास की जीत थी। जिस दिन मैं असिस्टेंट प्रो.फ़ेसर बना, मेरी उम्र महज़ 23 वर्ष और दो महीने की हो रही थी। मेरी सफलता का सारा श्रेय मेरी माँ-पिता और भैया को जाता है विशेषकर माँ को, जिनसे मैंने हमेशा संघर्ष में ख़ुशी खोजने की कला सीखी।

***

'स्मार्ट स्टडी' बनाएगी सफल

रजत सकलेचा, मध्य प्रदेश

जिसने भी 'जब वी मेट' देखी है, वे मेरे शहर रतलाम से परिचित होंगे। हालाँकि यह एक फ़िल्म है और रतलाम का वर्णन तो उसमें और भी ज़्यादा फ़िल्मी है। सच बात तो यह है कि रतलाम सेव, नमकीन और सोने के शुद्ध कलात्मक आभूषणों के लिए देश भर में प्रसिद्ध है और यहीं से मैंने अपनी विद्यालयी शिक्षा पूरी की।

यहीं मेरे पिताजी भारतीय स्टेट बैंक में कार्यरत हैं और घर में मम्मी, छोटा भाई एवं दादा-दादी भी हैं। छोटे शहर में जनमे लड़के भी पराए धन की तरह होते हैं और एक-न-एक दिन घर छोड़कर लगभग हमेशा के लिए ही निकल पड़ते हैं, पढ़ने के लिए, कुछ करने के लिए। मैंने भी इंदौर से सिविल इंजीनियरिंग की और बचपन से सिविल सेवा में आने के सपने को पूरा करने दिल्ली आ गया। शुरुआत वर्ष 2012 से की थी और हर बार एक क़दम आगे बढ़ते हुए पहली बार प्री, दूसरी बार मेंस और तीसरी बार अंततः आई.पी.एस. में चयन हुआ।

मन में सिविल सेवा का विचार बचपन से था। कई कारण थे। सबसे बड़ा था मेरा बचपन से अख़बार पढ़ने का चस्का। शहर, देश और दुनिया की हर ख़बर पढ़ते-पढ़ते ही सामान्य ज्ञान बढ़ता गया। रोज़मर्रा की मुश्किलों से पाला पड़ा और समझ आया कि कुछ बेहतर करना है समाज के लिए, परिवार के लिए तो यह सर्वश्रेष्ठ तरीक़ों में से एक है।

सफलता अर्जन में सिर्फ़ कठिन परिश्रम ही नहीं, अनेक और उत्प्रेरक

भी लगते हैं। भाग्य के अलावा परिवार एवं मित्रों का निरंतर साथ और कभी भी असफलता पर निराशा नहीं, बल्कि और भी ज़्यादा जोश से तैयारी में जुट जाना कि चलो, बस, अब कुछ ही अंकों का फ़ासला और बचा है। यह विचार ही मुझे इस मुक़ाम तक ले आया है। सिविल सेवा परीक्षा की तैयारी में सबसे आवश्यक है आपका अपने आसपास घटित होने वाली चीज़ों के बारे में ज्ञान और विश्लेषणात्मक दृष्टिकोण। इसे प्राप्त करने के लिए दैनिक अख़बार, कुछ साप्ताहिक पत्रिकाएँ, विकीपीडिया, quora वेबसाइट और गूगल अत्यंत मददगार हैं। साथ ही इसी ज्ञान को बेहतर तरीक़े से प्रस्तुत करने के लिए Insightsonindia और IASbaba जैसी वेबसाइट्स पर आप प्रश्नोत्तर अवश्य लिखना शुरू करें। मैंने स्वयं अधिकांशतः ऑनलाइन ही पढ़ा है, क्योंकि मुझे कोचिंग के नोट्स बोझिल लगते थे। फिर भी, मेरा मानना है कि अगर समझदारीपूर्वक कुछ नोट्स को पढ़ा जाए तो वे आपका बहुमूल्य समय बचाते ही हैं। मूल सार यह है कि एक ही विषय के लिए अनेक स्रोत न रखें और जो भी पढ़ें, उसका रिवीज़न करते रहें।

आप 7-8 घंटे भी रोज़ तन्मयता से पढ़ेंगे तो पर्याप्त है, ऐसा मेरा मानना है। कभी-कभी पढ़ने की बजाय कोशिश करें कि निरंतरता बनाए रखें। आज जब हमने बस, परीक्षा पास ही की है, तभी से चहुँओर इतना सम्मान पाया है कि उसे शब्दों में बयाँ करना मुश्किल होगा। मन में कुछ करने का जज़्बा हो, जीवन के अर्थ ढूँढ़ना हो, देश के लिए कुछ करते हुए ख़ुद के भी उत्थान का प्रयास करना हो तो उसका एक रास्ता शायद इन सेवाओं से भी गुज़रता है। शायद ओशो का मोक्ष यह न हो, पर गांधी और टेरेसा का मोक्ष तो इसी रास्ते, समाज की बेहतरी का प्रयास करते हुए ही मिलता है।

उद्देश्य नेक हो, प्रयास में ईमानदारी हो और सही राह पकड़ी हो तो सफलता अवश्य आपके पग चूमेगी। आज जब सबकुछ इंटरनेट पर लगभग मुफ़्त ही उपलब्ध है तो बस आप ही हैं, जो ख़ुद को सफल होने से रोक सकते हैं, वरना तो पूरा संसार ही आपके हाथों में है।

***

टीचर, बीडीओ, एसडीएम और फिर आई.ए.एस.

राजेंद्र पैंसिया, राजस्थान

भारत के मरुस्थलीय प्रदेश राजस्थान के सुदूर उत्तर में पाकिस्तानी सीमा के पास बसा एक छोटा-सा क़स्बा श्रीकरणपुर। इतना छोटा कि यहाँ के निवासियों के सपने भी बहुत छोटे से हैं। इन्हीं में से मैं एक हूँ। आसपास का माहौल कृषि का था तो पढ़ाई से हमेशा दूर भागते थे, जिसका प्रमाण यह है कि सेकेंडरी की वार्षिक परीक्षा के दिन हम सभी दोस्त बेर तोड़ने गए थे। इस तरह शिक्षा के प्रति जागरूकता का अभाव था।

मैं जब किसी सरकारी कर्मचारी को देखता तो यह सोचता कि हे ईश्वर! मुझे भी पटवारी, ग्राम सचिव, क्लर्क, अध्यापक आदि बना दे। मैं कक्षा में हमेशा औसत दर्जे का रहा और कभी सपने में भी नहीं सोचा कि यह मुक़ाम मेरे लिए बना है। मैंने बी.कॉम. किया तो मैं निजी क्षेत्र में जाने का इच्छुक था। मैंने एम.कॉम. और सी.एस. के लिए एडमिशन ले लिया था। तब मेरी मुलाक़ात संयोगवश बलकरण सर से हुई। उन्होंने मुझे बताया कि यदि बी.एड. कर लें तो सरकारी अध्यापक बना जा सकता है। इसलिए मैंने इन दोनों को छोड़कर बी.एड. की। इसके तुरंत बाद मैं सरकारी अध्यापक बना। उस दिन मेरी ख़ुशी का कोई ठिकाना नहीं था। उस दिन हमारे घर और ननिहाल में दावत दी गई; क्योंकि ननिहाल-ददिहाल के कुल 15 बच्चों में सरकारी नौकरी पाने वाला मैं प्रथम बच्चा था। इस सफलता के बाद मेरे कुछ अध्यापकों ने मुझे प्रेरित किया और सफलता को नये पंख लगे। इसके बाद मैंने अध्यापक का दो वर्ष का प्रोबेशन पूरा किया

और आर.ए.एस. की तैयारी के लिए जयपुर आ गया।

उस समय प्रेरक विचारों के साथ-साथ कुछ निराश व हतोत्साही व्यक्तियों ने मुझसे कहा कि यह परीक्षा बहुत कठिन है। तुम्हारी तरह जयपुर हर वर्ष सैकड़ों अभ्यर्थी तैयारी के लिए आते हैं और एक-दो वर्षों में तैयारी करके चले जाते हैं। मुझे भी इन विचारों से हताशा हुई। किंतु मुझे एक बात पता थी—*'कर्मण्येवाधिकारस्ते मा फलेषु कदाचन।'* मेरी इच्छा थी कि बस, एक बार आर.ए.एस. परीक्षा में पास होकर इंस्पेक्टर ही लग जाऊँ। किंतु नियति को कुछ और ही मंजूर था। मैं आर.ए.एस. के प्रथम साक्षात्कार और लेक्चरर के साक्षात्कार में असफल रहा। इस पर मेरे मित्र ने मुझसे कहा, ''यदि आज तुम्हारे साथ अच्छा नहीं हो रहा तो याद रखो कि आगे बहुत अच्छा होने वाला है।'' बस, यही सोचकर मैं अपनी पूर्व में रही कमियों को सुधारकर दोगुनी मेहनत के साथ जुट गया कि यदि चयन नहीं हुआ तो करने वाले ताने मारेंगे कि 'बन गया न एस.डी.एम.'।

मन में आशा थी कि मेहनत का फल अवश्य मिलेगा। इसी आशा व विश्वास का परिणाम रहा कि मैं दूसरी बार बी.डी.ओ. और तीसरी बार एस.डी.एम. बना। इस बार मुझे अटूट विश्वास हुआ कि मैं आई.ए.एस. भी बन सकता हूँ। किंतु आर.ए.एस. की ट्रेनिंग, फिर पोस्टिंग और आई.ए.एस. की परीक्षा में लगातार चार असफलताओं के बाद मेरे मन में यह धारणा प्रबल हुई कि मेरा लक्ष्य अब पूरा नहीं होगा और मैं आर.ए.एस. ही रहूँगा।

इसी दौरान घनश्याम मीणा और अनिता यादव (अब दोनों हमसफ़र हैं और आई.ए.एस. भी) का साथ मुझे मिला तो सपने फिर मचलने लगे। मैं और घनश्याम दोनों ऑफ़िस के बाद शाम को 6 बजे से लेकर रात्रि 12 बजे तक नियमित तैयारी करते और सोचते कि भगवान् हमारा चयन IRS तक तो करवा देना। दोनों के सहयोग और परस्पर तैयारी का प्रभाव इतना अधिक हुआ कि दोनों एक साथ आई.ए.एस. बने, जो असंभव-सा था। इसके बाद मेरी एक दशक की अथक-अनवरत मेहनत सफल हुई। इस तरह मेरी सफलता की यात्रा में उतार-चढ़ाव की पगडंडी बहुत लंबी और संघर्ष भरी रही। लेकिन अंत भला तो सब भला।

आज मैं गर्व के साथ कह सकता हूँ कि मैं भी 'भारतीय प्रशासनिक सेवा' का सदस्य हूँ। कभी हार न मानकर अर्जुन की तरह केवल मछली की आँख को ही लक्ष्य मानकर यदि धैर्य, विश्वास और कठोर मेहनत के साथ तैयारी करें तो सफलता निश्चित ही नहीं, सुनिश्चित है। मैं कहना चाहूँगा कि 'मैंने अपनी तैयारी के लिए उन पलों को खो दिया, जिनके लिए लोग जिया करते हैं।'

***

मुसीबतों और अभावों को हराकर पाई मंज़िल

रतन दीप गुप्ता, उत्तर प्रदेश

मेरा नाम रतन दीप गुप्ता है। मै मूलतः उत्तर प्रदेश के गोण्डा ज़िले के एक छोटे से क़स्बे नवाबगंज का रहने वाला हूँ । प्रारंभिक शिक्षा मैंने एक स्थानीय विद्यालय से प्राप्त की। पिता जी की एक छोटी-सी दुकान थी और माता जी एक गृहिणी। तीन भाई बहनों में मैं सबसे बड़ा हूँ ।

मेरा बचपन तो ठीक रहा लेकिन जैसे-जैसे मैं बड़ा हुआ, घर की आर्थिक स्थिति और मेरी पढ़ाई का स्तर दोनों ही गिरता गया। 10वीं में मुझे मात्र 66 प्रतिशत अंक मिले, 11वीं में फ़ेल होते-होते बचा और 12वीं में सिर्फ़ 51 प्रतिशत से ही संतोष करना पड़ा।

जीवन का यह दौर बेहद निराशाओं से भरा हुआ था। घर की आमदनी का एकमात्र स्रोत पिता जी की दुकान बंद हो चुकी थी। कॉलेज में दाख़िला

लेने के पैसे नहीं थे, घर में बिजली का कनेक्शन कट चुका था और दो जून के भोजन की समस्या उत्पन्न हो गई थी। मुझे कुछ भी समझ नहीं आ रहा था कि घर का ख़र्च कैसे चलेगा।

कुछ महीने प्रयास करने के बाद मुझे 100 रुपये प्रति माह पर एक ट्यूशन मिल गया। लेकिन ये 100 रुपये मेरे जीवन को बदलने वाले साबित हुए। मुझे याद है कि पहली बार इन्हीं पैसों से मैंने 'प्रतियोगिता दर्पण' नामक मासिक पत्रिका ख़रीदी थी जिसमें सिविल सेवा में चयनित अभ्यर्थियों के साक्षात्कार प्रकाशित हुए थे। साक्षात्कार पढ़कर मेरे मन में आस जगी, मुझे लगा कि अगर मैं भी मेहनत करूँ तो मेरा भी जीवन बदल सकता है।

और इस तरह शुरू हुआ मेरा यूपीएससी प्रेम। मैंने निश्चय किया कि मै भी पढूँगा। कॉलेज की फ़ीस दोस्तों ने भर दी। मैंने भी एक स्थानीय विद्यालय में 600 रुपये प्रति माह पर अध्यापन शुरू कर दिया। घर की आर्थिक स्थिति को सुधारने के लिए पार्ट टाइम में सड़कों के किनारे कभी मोमबत्तियाँ बेची तो कभी झंडे बेचे। रातों को समय निकालकर पढ़ता रहा।

इसी बीच मेरा चयन पहले स्टेट बैंक ऑफ़ इंडिया और फिर एस. एस. सी. के माध्यम से अकाउंटेंट के पद के लिए हो गया। मुझे लगा कि अब शायद सिविल सेवा की राह आसान हो जाएगी। लेकिन ऐसा हुआ नहीं। अपने पहले प्रयास में मैं मुख्य परीक्षा पास नहीं कर सका, अगले वर्ष एक अति गंभीर स्वास्थ्य समस्या के चलते प्रारंभिक परीक्षा भी उत्तीर्ण नहीं कर सका।

मुझे लगा कि शायद स्वप्न अधूरा ही रह जाएगा। बीमारी के चलते ना तो मैं ऑफ़िस का काम ठीक से कर पाता था और ना ही पढ़ाई। इन घोर निराशा और असफलता के क्षणों में भी मेरा परिवार, मेरे मित्र और मेरे सहकर्मी मेरा उत्साह सदैव बढ़ाते रहे। मैं अपने तीसरे और चौथे प्रयास में साक्षात्कार से बाहर हो गया। अब तक मैं बिलकुल निराश हो चुका था, लेकिन मेरी छोटी बहन बार-बार मुझसे कहती थी कि भैया आपका सिलेक्शन ज़रूर होगा और मुझे प्रोत्साहित करते हुए कहा करती थी कि-

"कोशिश कर हल निकलेगा
आज नहीं तो कल निकलेगा
अर्जुन के तीर सा सध,
मरुथल से भी जल निकलेगा।"

और मेरा आत्मविश्वास वापस आ जाया करता था। अंततः मैंने अपने 5वें प्रयास में सफलता प्राप्त कर ही ली। वर्तमान में मैं भरतीय रेल परिवहन सेवा (आई.आर.टी.एस.) का अधिकारी हूँ।

अंत में यही कहना चाहूँगा कि यह केवल आपके ज्ञान की ही नहीं बल्कि आपके धैर्य, संघर्षशीलता और संयम की भी परीक्षा है। आप जब इस अग्नि में जलेंगे तो खरा सोना बनकर निकलेंगे। किसी भी परिस्थिति में अपने आप को विचलित न होने दें और जब भी विचलित हों तो मन ही मन गुन-गुना लीजिए-

"वह पथ क्या, पथिक कुशलता क्या
यदि पथ में बिखरे शूल ना हों,
नाविक की धैर्य परीक्षा क्या
यदि धाराएँ प्रतिकूल ना हो।"

***

बचपन में आँखें खोकर भी, मजबूरी को बनाया अपनी मज़बूती

सतेंदर सिंह, उत्तर प्रदेश

मेरा जन्म पश्चिमी उत्तर प्रदेश के अमरोहा ज़िले के एक ग्रामीण क्षेत्र में हुआ। जब मैं क़रीब डेढ़ साल का था, तो निमोनिया बीमारी में एक ग़लत इंजेक्शन दिए जाने से मेरी आँखें हमेशा के लिए चली गईं।

बचपन में मैं कोशिश करता था कि मैं अपनी उम्र के बच्चों को उनके खेलों में हरा सकूँ। इस तरह मैं अपनी दृष्टिहीनता के असर को कम करने की कोशिश करता था। मेरे भीतर असीम ऊर्जा हिलोरे मार रही थी और मैं भी बिलकुल अपने साथियों की ही तरह पढ़ना और लिखना चाहता था। मैं उन्हें वर्णमाला और पहाड़े दोहराते हुए सुनता और उनसे पहले इन चीज़ों को याद कर लेता।

खेलते वक़्त भी मेरे ये दोस्त मेरी मदद किया करते थे। कभी आवाज़ करने वाली बॉल के सहारे मैं क्रिकेट खेलता तो कभी मुझे कबड्डी या दौड़ का रेफ़री बना दिया जाता ताकि मैं उनके झगड़े निपटा सकूँ। इस सब के दौरान मैंने हमेशा यह महसूस किया कि बच्चों का रवैया बड़ों की अपेक्षा ज़्यादा सहयोगात्मक होता है।

मेरे माता-पिता मेरी पढ़ाई को लेकर बहुत चिंतित रहते थे। मेरी मम्मी को कभी पढ़ने-लिखने का मौक़ा नहीं मिला और मेरे पापा बस पाँचवीं कक्षा तक पढ़ सके। उन्हें ऐसा कोई तरीक़ा मालूम नहीं था जिससे एक दृष्टिबाधित बच्चे को पढ़ाया जा सके। एक दिन मेरे दिल्ली में नौकरी करने

वाले एक ताऊ जी डीटीसी की बस में यात्रा कर रहे थे। उन्होंने एक नेत्रहीन लड़के को हाथ में एक घड़ी पहने देखा, जो घड़ी को छूकर वक़्त बता रहा था। मेरे ताऊ जी यह देखकर चौंके और उन्होंने उससे पूछ-ताछ की। इस तरह वह नेत्रहीन बच्चों का एक स्कूल ढूँढ़ पाए और यह मेरी ज़िंदगी का एक 'टर्निंग प्वाइंट' बन गया।

इस स्कूल ने मेरी ज़िंदगी बदल दी। इस स्कूल में तकनीक का प्रयोग कर पढ़ाई को आसान बनाया जाता था। मैंने पहले ब्रेल पढ़ी और फिर कम्प्यूटर पर काम किया। मैं रिकॉर्डेड किताबों के ओडियो ख़ूब सुनता था। मेरे स्कूल ने मुझे आत्मविश्वास और आत्मनिर्भरता सिखायी और सिखाया कि 'कुछ भी नामुमकिन नहीं है।'

आज जब मैं मुड़कर देखता हूँ तो पाता हूँ कि हमारी ज़िंदगी में छोटी से छोटी घटना बड़ा बदलाव ला सकती है। न मेरे ताऊ जी उस दिन उस लड़के को ब्रेल घड़ी पहने देखते और न मुझे कभी मेरा ब्लाइंड स्कूल मिलता। आज मैं एक 27 साल का नेत्रहीन किसान होता, जो ख़ुद को अपने साथियों के सामने स्मार्ट दिखाने की कोशिश किया करता था।

जब मैं बारहवीं में था, तो मैंने दिल्ली यूनिवर्सिटी के सेंट स्टीफ़ंस कॉलेज के बारे में सुन रखा था। मैं उस कॉलेज में प्रवेश लेना चाहता था और आख़िरकार मेरा उसी कॉलेज में प्रवेश हो गया। मेरा स्कूल एक हिंदी मीडियम स्कूल था, जबकि मेरा कॉलेज पूरी तरह अँग्रेज़ी मीडियम। मुझे इंग्लिश ज़्यादा नहीं आती थी। जितनी देर में मैं अपने शिक्षक के कहे एक वाक्य का मतलब समझ पाता, उतने में तो वे शिक्षक पाँच वाक्य और बोल दिया करते थे। मैंने इंग्लिश बोलने की कोशिश की तो बहुत से दोस्तों ने मेरा मज़ाक़ उड़ाया। मेरे कुछ दोस्तों ने सलाह दी कि मैं ये कॉलेज ड्रॉप कर किसी हिंदी मीडियम कॉलेज में प्रवेश ले लूँ। पर मैं वहीं पढ़ना चाहता था।

इस समस्या से निपटने के लिए मैंने एक तरीक़ा निकाला। मैंने NCERT की किताबें इंग्लिश में डाउनलोड कीं। ये किताबें मैंने हिंदी में पढ़ रखीं थीं, अब मैंने ये किताबें (तीसरी कक्षा से लेकर बारहवीं तक) इंग्लिश में पढ़नी शुरू कीं। जैसे-जैसे मैं इन किताबों को पढ़ते-पढ़ते बारहवीं की इतिहास की किताब तक पहुँचा, मैंने पाया कि मुझे क्लास के

लेक्चर समझ में आने लगे थे। शिक्षक भी अब मेरी प्रशंसा करने लगे।

मैंने जेएनयू से राजनीति और अंतरराष्ट्रीय सम्बन्ध में एम.ए. किया। मैं हमेशा एक प्रो.फ़ेसर बनना चाहता था। मुझे 2015 में एक मौक़ा मिल भी गया। मुझे श्री अरबिंद कॉलेज में एड हॉक असिस्टेंट प्रो.फ़ेसर चुन लिया गया। तब से अब तक मैं वहाँ पढ़ा रहा हूँ। पढ़ाना मेरा पसंदीदा काम है और मैं इसे एंजोय भी कर रहा था।

इस बीच लगा कि ज़िंदगी में कुछ अधूरापन है। मुझे महसूस हुआ कि मुझे अपने लिए एक ज़्यादा व्यापक पहचान की ज़रूरत है, जिससे मैं चीज़ों में सकारात्मक बदलाव ला सकूँ। मैंने बचपन से विकलांगता के बारे में तमाम पूर्वाग्रह, पक्षपात और स्टीरियो टाइप देखे थे, जिन्हें मैं तोड़ना चाहता था। तो मैंने सिविल सेवा की परीक्षा दी।

पहले प्रयास को गम्भीरता से न लेने के कारण असफल रहा। दूसरे प्रयास में का.फ़ी बीमार रहने से नुक़सान हुआ और इंटरव्यू कॉल पाने से 9 अंकों से चूक गया। तीसरे प्रयास में सब ठीक रहा और 714वीं रैंक मिली। अब मुझे लगता है कि मुझे बेहतर रैंक मिल सकती थी। इसलिए, अब पूरी तरह समर्पित होकर दोबारा प्रयास करूँगा।

मैं आपसे यही कहूँगा कि *हम सबमें कुछ कमियाँ और सीमाएँ होती हैं। बस इन्हें सफलता की राह में बाधा न बनने दें।*

ज़िंदादिली और जज़्बे से निकली सफलता की राह

सुकीर्ति माधव, बिहार

हाफ़ पैंट और मटमैला बुशर्ट पहन धूल उड़ाते हुए मवेशियों को चरते जाते देखना या सबके साथ बस खेलते रहना। कभी पुरानी किताबों के ढेर से कोई कहानी की किताब ढूँढ़ निकालना और धूल साफ़ कर एक बार में पढ़ जाना। कभी कटी पतंग के पीछे भागना, कभी गौरेया का पीछा करना। मछली पकड़ना, बेर तोड़ना, कलेवा लेके खेत पे बाबा के पास जाना और मौक़ा मिलते ही खेत के ट्यूबवेल पे नहाना। झोला लेके स्कूल जाना, बोरे पे बैठना और अंतिम घंटी बजने का इंतज़ार करना। गरमी में खुले आसमान के नीचे तारे गिन सोना, बारिश में भीगना और खेलना, ठंड में पुआल की गर्मी में बिस्तर बना लेना और उनींदी रातों में बड़े-बड़े सपने देखना। कुछ ऐसा सुनहरा था मेरा बचपन।

देखते-देखते बचपन बीत गया और स्नातक और फिर MBA भी हो गया। 2010 में MBA पूरा करते ही कोल इंडिया लिमिटेड में नौकरी लग गई। 2010 एक और वजह से यादगार साल रहा। इसी साल मेरे पिताजी की नौकरी भी माननीय सुप्रीम कोर्ट के आदेश से बहाल हुई, 22 सालों की लंबी क़ानूनी लड़ाई के बाद। बहरहाल इस 22 साल के संघर्ष ने काफ़ी कुछ सिखाया-बताया। माता-पिता ने खेती किसानी की, अभाव देखे, मुश्किल वक़्त बिताया, लेकिन हमें हमेशा बड़े सपने देखने को प्रेरित किया।

मैं बिहार के एक ज़िले जमुई के एक गाँव मलयपुर से हूँ। बिहारी होने

के नाते सिविल सर्विस के बारे में बहुत सुन रखा था। मेरे पिताजी हमेशा से ये चाहते थे कि मैं UPSC दूँ और लोक सेवा के क्षेत्र में आऊँ, हालाँकि मैं अपने आप को औसत छात्र मानते हुए इस परिचर्चा से दूर रखने की कोशिश करता था।

MBA के बाद कोल इंडिया लिमिटेड की अच्छी नौकरी। शायद जितना मैंने सोचा था या जितना मैं अपने को योग्य मानता था, उस से बेहतर। मैं ख़ुश था और इसी तरह दिन, महीने और कुछ साल बीत गए। लेकिन कहीं कुछ तो ऐसा था, जो चुभ रहा था। कई सवाल मन में उमड़-घुमड़ रहे थे। क्या मुझे कहीं और होना चाहिए? क्या मैं कहीं और बेहतर कर सकता हूँ? क्या मैं ज़िंदगी को और सार्थकता दे सकता हूँ?

लेकिन कैसे? UPSC? जहाँ सबसे तेज़, सबसे प्रतिभाशाली लोग प्रतिभाग करते हैं। आर्थिक बाध्यता की वजह से न तो नौकरी छोड़ना संभव था और न नौकरी के साथ कोलकाता में कोचिंग करना। क्या मैं ये कर पाऊँगा-पता नहीं। लेकिन क्या ऐसे ही छोड़ दूँ। कम-से-कम ईमानदारी से भरा एक प्रयास तो कर लूँ। कभी ये पछतावा तो नहीं रहेगा कि काश एक बार कोशिश कर ली होती। और इस ऊहापोह और उधेड़बुन के रास्ते से निकलकर मेरी यात्रा शुरू हुई, UPSC की ओर, जी-जान से, जोशो-ख़रोश से। नौकरी के साथ तैयारी शुरू कर दी और हर एक गुज़रते दिन के साथ निश्चय और दृढ़, और मज़बूत होता गया। कुछ परेशानियाँ आईं, लेकिन इससे प्रेरणा और बढ़ती गई।

प्रथम प्रयास में IRS में चयन हो गया और फिर अगली बार IPS में। मैंने सपना देखा, ख़ुद पे भरोसा किया, मेहनत की और घरवालों के अटूट संबल और सबके आशीर्वाद से मेरी यात्रा एक सुखद पड़ाव पर आके रुकी-लोक सेवा, देश सेवा के पड़ाव पे।

दोस्तो! बड़े सपने देखें, ख़ुद पर भरोसा व आत्मविश्वास रखें, मेहनत करें, आप निश्चित रूप से सफल होंगे।

देखे जो सपने पीछा कर, हदों को अपनी खींचा कर,
मंज़िल तो मिल ही जाएगी, एक क़दम बढ़ा, शुरुआत तो कर।

***

आदिवासी अंचल से बने आई.ए.एस. अधिकारी

सुरेश कुमार जगत, छत्तीसगढ़

मैं परसदा गाँव, ज़िला कोरबा, छत्तीसगढ़ का रहने वाला हूँ। यह एक अति पिछड़ा ट्राइबल गाँव है, जो मैकाल श्रेणी पर बसा है। मैं शुरू से ही मेधावी छात्र रहा हूँ। और शायद यही वजह थी कि मैं गाँव से बाहर निकल पाया और एक बड़ा सपना देख पाया। हाई स्कूल तक की मेरी पढ़ाई काफ़ी मुश्किलों भरी रही। कुछ कक्षाओं में एक भी शिक्षक नहीं थे।

मेरी पढ़ाई गाँव के जनभागीदारी स्कूल से हुई। जैसा कि नाम से ही पता चलता है कि यह स्कूल गाँव की जनता के सहयोग से चलाया जाता था, जिसमें शिक्षकों की भारी कमी थी। जैसे-तैसे मैंने अपने सहपाठियों के साथ हाई स्कूल की पढ़ाई पूरी की। यहाँ भी मैंने अच्छे प्रतिशत (90%) से परीक्षा पास की। अगली चुनौती थी आगे की पढ़ाई कहाँ से और कैसे की जाए। मेरे भाइयों ने इसमें काफ़ी मदद की और बिलासपुर के भारत माता हिंदी माध्यम स्कूल में मेरा दाख़िला हुआ। वहाँ भी काफ़ी कठिनाइयों का सामना करते हुए पढ़ाई करनी पड़ी। 12वीं में मुझे राज्य में 5वाँ स्थान मिला। यही वो क्षण था, जब मुझे आगे कुछ कर गुज़रने का आत्मविश्वास मिला।

मैंने हमेशा से यही समझा था कि ग्रामीण परिवेश के विद्यार्थियों में विश्वास की कमी का सबसे बड़ा कारण होता है अँग्रेज़ी और गणित के विषय। इसलिए मैंने इन दोनों विषयों पर ख़ास ध्यान दिया। AIEEE पास करके NIT रायपुर में दाख़िला मिला और वहाँ भी अपनी मेहनत से 81%

के साथ मैकेनिकल डिग्री हासिल की। वहाँ सबसे बड़ा चैलेंज अँग्रेज़ी का था। मैं एक किसान परिवार से रिश्ता रखता हूँ, तो स्वाभाविक सी बात थी कि मेरा पहला लक्ष्य किसी नौकरी को पाकर आर्थिक रूप से सक्षम होना था। कैंपस से मेरा सेलेक्शन ONGC में हुआ और GATE एग्ज़ाम से NTPC में हुआ और मैंने NTPC ज्वॉइन किया। इस वक़्त तक मैं सिविल सेवा परीक्षा के लिए तैयार नहीं था, हालाँकि अंदर से एक आवाज़ ज़रूर आ रही थी। NTPC में 3 साल काम करके मैंने निर्णय लिया कि अब सिविल सेवा की परीक्षा देनी चाहिए।

भारतीय इंजीनियरिंग सेवा की परीक्षा पास करके केंद्रीय जल आयोग भुवनेश्वर में मेरी पोस्टिंग हुई और इस तरह मेरा दिल्ली जाकर तैयारी करने का सपना अधूरा रह गया। नौकरी करते-करते दो प्रयास हिंदी माध्यम से देने के बाद मेरे मन में ख़याल आया कि मुझे अँग्रेज़ी माध्यम से परीक्षा देनी चाहिए। इसके 2 कारण थे, पहला कि मुझे दिल्ली से दूर रहने की वजह से इंटरनेट का सहारा लेना था और दूसरा अँग्रेज़ी से पढ़ाई को मैं एक चुनौती की तरह लेता था और जब तक चैलेंज नहीं रहेगा, तब तक रास्ते का मज़ा नहीं है। भूगोल विषय से मैंने हिंदी में तैयारी शुरू की थी और अँग्रेज़ी में भी भूगोल विषय जारी रखा। 2016 की परीक्षा में मुझे सफलता मिली और मुझे IRTS मिला, लेकिन आईएएस की चाह में चौथे प्रयास में मुझे आईएएस मिला। ये सारे प्रयास मैंने फ़ुलटाइम नौकरी करते हुए दिए और किसी भी चरण में कोचिंग का सहारा नहीं लिया।

शुरू से ही गाँव में रहने के कारण गाँव की समस्याओं से अवगत था। आईएएस अफ़सर जो हमारे गाँव में आते थे, उन्हें देखकर मन में कुछ हलचल-सी उठती थी। घर की आर्थिक और सामाजिक स्थिति ठीक नहीं होना भी एक कारण था। दादाजी मेरे प्रेरणा स्रोत रहे हैं, उनकी मेहनत और कोर्ट-कचहरी के चक्कर ने मुझे इस दिशा में प्रयास करने के लिए विवश कर दिया।

पहली ग़लती मेरी ये रही कि मैंने हिंदी माध्यम से तैयारी की पूरी कोशिश नहीं की। अगर हिंदी साहित्य विषय से परीक्षा देता तो सफलता पहले ही मिल गई होती। नोट्स नहीं बनाना दूसरी ग़लती थी, जिसके परिणाम

स्वरूप रिवीज़न में दिक़्क़त आई। शुरू के प्रयास अति आत्मविश्वास से दिया, जिससे असफलता मिली। निबंध और एथिक्स पेपर में बिना अभ्यास के प्रयास करना भी एक ग़लती थी। लिखित अभ्यास नहीं करना भी एक भूल थी।

समस्याओं और अभावों में घिरकर जब मंज़िल हासिल होती है, तो उसका मज़ा ही कुछ और होता है। परेशानियों से घिरा और अभावों में पका व्यक्ति जितना मज़बूत होता है, उतना कोई और नहीं हो सकता, तैयारी के दौरान ये बात ध्यान में रहनी चाहिए।

***

वो ज़िंदगी क्या ज़िंदगी जो सिर्फ़ पानी सी बही

उम्मुल ख़ैर, राजस्थान

मेरा जन्म राजस्थान के पाली ज़िले में एक गाँव सोजत में हुआ था। परिवार में मेरी माँ, बड़ी बहन और बड़ा भाई थे। मेरी माँ एक पढ़े-लिखे कश्मीरी परिवार से थी। मेरे जन्म के दस महीने पश्चात ही मेरे पिता जी दिल्ली चले गए थे। पिता जी के दिल्ली जाने के बाद मेरी माँ ने पास के छोटे से स्कूल में पढ़ाना शुरू कर दिया। पितृसत्तात्मक समाज में अकेली माँ का संघर्ष बढ़ जाता है। इन्हीं विपरीत परिस्थितियों से लड़ते-लड़ते मेरी माँ अपना मानसिक संतुलन खो बैठी जिस के कारण उनकी नौकरी चली गई। घर में जब आर्थिक स्थिति और अधिक ख़राब हुई तो मुझे अपने पिता और नयी माँ के पास दिल्ली भेज दिया गया। उस समय मैं लगभग पाँच

साल की थी।

पिता जी की स्थिति ऐसी नहीं थी कि वो मुझे कॉपी, पेन इत्यादि भी दिला सकें। इसके लिए मैंने सातवीं कक्षा से अपने आस-पास के बच्चों को ट्यूशन पढ़ाना शुरू कर दिया। नयी माँ मुझे ज़्यादा पढ़ाने के पक्ष में नहीं थीं। उन का मानना था कि पाँचवीं कक्षा तक पढ़ने के बाद मुझे सिलाई वग़ैरह सीखनी चाहिए ताकि मैं घर पर रह कर ही कुछ करूँ। मैं हर कक्षा के बाद उनसे कहती कि बस इस साल स्कूल जाऊँगी और अगले साल मेरा स्कूल से नाम कटवा देना। इस तरह किसी तरह मैंने आठवीं कक्षा तक पढ़ाई की। नौंवी कक्षा में स्कूल में प्रवेश के लिए घर से बिलकुल भी अनुमति नहीं मिली और मुझे राजस्थान भेजने की तैयारियाँ होने लगी तो मैंने अपनी बस्ती मैं पास में ही एक छोटा-सा कमरा किराये पर ले लिया और ट्यूशन पढ़ाकर अपनी पढ़ाई निरंतर रखने का निश्चय किया। यह फ़ैसला नौंवीं कक्षा की छात्रा के लिए बहुत मुश्किल था मगर बिना पढ़े-लिखे अपने भविष्य की कल्पना करना भी मेरे लिए असंभव था।

सिविल सर्विसेज़ का परिचय मुझे अपनी प्राथमिक कक्षा में ही हो गया था परंतु विभिन्न ज़िम्मेदारियों, जैसे प्रति दिन आठ-आठ घंटे के ट्यूशन पढ़ाने के चलते मैं बी.ए. के बाद परीक्षा नहीं दे पाई। उस समय मेरा सारा ध्यान शिक्षा अर्जन में था ताकि यदि कभी आवश्यकता पड़े तो एक अच्छी नौकरी मिल सके। इस बीच भारत के दिव्यांग जनों के अधिकारों एवं अंतरराष्ट्रीय स्तर पर उनके नेतृत्व के लिए मैंने कई देशों की यात्राएँ भी की और विभिन्न अंतराष्ट्रीय अधिवेशनों में भाग भी लिया। JNU से एम.ए. तथा नेट JRF होने से जब आर्थिक स्थिति सुदृढ़ हुई तो मैंने परीक्षा देने का निश्चय किया तथा ईश्वर की कृपा से पहले ही प्रयास में सफलता प्राप्त की।

परीक्षा की तैयारी के वक़्त हर समय अत्यंत आत्म अनुशासन और समय प्रबंधन के अतिरिक्त मुझे और कोई समस्या नहीं हुई क्योंकि जेएनयू के पुस्तकालय में दिन रात पढ़ते रहने से अच्छा समय मेरे जीवन में पहले कम ही आया था। मेरे पूर्व संघर्षों की तुलना में ये एक आरामदायक एवं पूरी तरह आत्म प्रगति को समर्पित समय था।

तैयारी के समय मेरी सब से बड़ी ग़लती आत्मअनुशासन की अति थी। मुझे पता था की मैं बार-बार परीक्षा नहीं दे पाऊँगी इस लिए मैंने प्रथम प्रयास में अपने आप को बाहरी वातावरण से बिलकुल काट दिया था जिससे न केवल मेरा अकेलापन बढ़ा बल्कि अपनी ग़लतियों को सुधारने के लिए आवश्यक इनपुट भी कम ही मिल पाए। परीक्षार्थियों से अनुरोध है कि तैयारी के दौरान अपने प्रति अति अनुशासित एवं कठोर होने की प्रवृत्ति से थोड़ा बचें, क्योंकि यह आप को जल्दी ही व्यग्र कर सकती है। इसलिए थोड़ा समय निकालकर कुछ अन्य कार्य जैसे व्यायाम, शाम को टहलना, थोड़े समय के लिए पास में घूम आना इत्यादि कदापि न छोड़ें।

मैं वर्तमान में 2017 बैच की आई.आर.एस. अधिकारी हूँ।

***

कांस्टेबल से आई.पी.एस. तक का सफ़र

विजय सिंह गुर्जर, राजस्थान

मैं राजस्थान के झुंझुनूं ज़िले के देवीपुरा गाँव का निवासी हूँ। पिताजी श्री लक्ष्मण सिंह किसान हैं एवं माताजी श्रीमता चन्दा देवी गृहिणी है। 5 भाई-बहनों में मैं तीसरा हूँ। आरंभिक शिक्षा गाँव में ही हुई है। पढ़ाई में मैं शुरू से ही औसत था, 11वीं कक्षा में पिताजी ने संस्कृत स्कूल में दाख़िला दिलवाया, क्योंकि संस्कृत पढ़ने के बाद अध्यापक बनना आसान होता था और पापा चाहते थे कि मैं शिक्षक बनकर परिवार का सहारा बनूँ। संस्कृत कॉलेज से शात्री (बी.ए ऑनर्स) करने के बाद मैं सरकारी नौकरी के लिए

तैयारी करने लगा। लेकिन राजस्थान में शिक्षक की भर्ती, सेना की भर्ती, राजस्थान पुलिस कांस्टेबल की भर्ती में मैं असफल रहा, तभी 2009 में दिल्ली पुलिस कांस्टेबल की भर्ती निकली। मेरा एक दोस्त पहले से दिल्ली पुलिस में सिपाही था, उसने मुझे दिल्ली आकर कोचिंग ज्वॉइन करने की सलाह दी। दिल्ली पुलिस में कांस्टेबल के पोस्ट पर मेरा चयन हो गया। जिस दिन मेरा कांस्टेबल का परिणाम आया था, मैंने अपने पिताजी को अपनी ज़िंदगी में सबसे ज़्यादा ख़ुश देखा।

सभी मध्यमवर्गीय बच्चे की तरह मेरे भी मन में आया कि काश मैं भी आईएएस या आईपीएस होता। थोड़े दिन बाद मेरा सब-इंस्पेक्टर का परिणाम आया, जिसमें मैं पास हो गया था। इस परिणाम ने मुझमें आत्मविश्वास बढ़ाया और मैंने निश्चय किया कि मैं भी सिविल सेवा की तैयारी करूँगा।

मैंने एस.एस.सी. स्नातक स्तर का पेपर दिया। ट्रेनिंग से पासआउट होने के बाद एक साल के लिए मुझे दिल्ली के संगम विहार पुलिस स्टेशन में पोस्टिंग मिली। वहाँ हर सब-इंस्पेक्टर दिन में 15-16 घंटे काम करता था, थाने में आकर पढ़ाई से नाता टूट-सा गया। 10-11 महीने के बाद मेरा एस.एस.सी. का परिणाम आया और मुझे केंद्रीय उत्पाद एवं सीमा शुल्क, केरल मिला था। मैंने 2 महीने में दिल्ली पुलिस से त्यागपत्र दे दिया और केरल में कार्य ग्रहण किया। केरल आने के बाद थोड़ा ज़्यादा समय पढ़ाई को देने लगा, लेकिन हिंदी माध्यम के मैटिरियल के लिए दिल्ली जाना पड़ता था, साथ ही अकेले तैयारी करने के कारण मैं हतोत्साहित हो जाता था। मैंने दुबारा एस.एस.सी. की परीक्षा दी, इस बार मेरी अच्छी रैंक होने के कारण मुझे दिल्ली में आयकर निरीक्षक का पद मिला। फ़रवरी 2014 में मैंने दिल्ली ज्वॉइन किया।

दिल्ली आने के बाद मैंने कुछ कोचिंग में क्लासेज़ ली, लेकिन उनके पढ़ाने के तरीक़े मुझे पसंद नहीं आए तो मैंने सेल्फ़ स्टडी का ही निर्णय लिया। तीन प्रयासों में मैं प्रारंभिक परीक्षा भी नहीं उत्तीर्ण कर पाया था। मेरा ख़ुद से विश्वास उठने लगा था, सारी ऊर्जा लगाने के बाद भी कुछ परिणाम नहीं निकल रहा था।

इसी बीच घर वाले शादी के लिए दबाव बनाने लगे, क्योंकि मेरी सगाई 2012 में ही हो गई थी तो 2015 में मेरी शादी हो गई। शादी के बाद मेरी पत्नी और मेरे एक मित्र ने मुझे अगले प्रयास के लिए न केवल प्रोत्साहित किया, बल्कि हमेशा मेरा हौसला भी बढ़ाया, मेरी कमियाँ दूर करने में मेरी मदद की। 2016 में मुझे साक्षात्कार के लिए बुलाया गया। फिर वही हुआ, अंतिम परिणाम में मैं 8 नंबर से बाहर हो गया। 31 मई को परिणाम आया था, मैंने तय कर लिया था कि अब और नहीं।

2 दिन तक यही सोचता रहा कि किताबें कबाड़ी को बेच देता हूँ। एक दोपहर अपने घर के बालकनी में कबाड़ी का इंतज़ार कर रहा था कि पीछे से पत्नी सुनीता आई और बोली, ''इतने दिन स्टडी की है, बस 4 महीने की बात है, एक बार और कोशिश करो।'' उसके इस विश्वास ने मेरा दिमाग़ बदला और मैंने पूरी मेहनत से एक बार फिर परीक्षा में बैठने का फ़ैसला लिया। इस बार मैंने अपने पिछले प्रयास की कमियों को दूर किया और आख़िरकार 574 रैंक के साथ चयनित हुआ। मेरे आस पास के 15 गाँवों में मेरा आज तक का पहला चयन था। जब मैं घर गया तो क़रीब 2–3 हज़ार लोग मेरे स्वागत के लिए खड़े थे। पूरे गाँव ने साथ रहकर मेरी सफलता का जश्न मनाया।

मैंने हमेशा अपने चयन को सफलता न मानकर बस एक अवसर माना है, जो मुझे उन लोगों के दुख दूर करने में सक्षम बनाएगा, जिनकी परेशानियों को मैंने नज़दीक से जाना है। अंत में इतना ही कहूँगा...

ज़िंदगी की असली उड़ान अभी बाक़ी है,
ज़िंदगी का असली इम्तिहान अभी बाक़ी है।
अभी तो नापी है मुट्ठी भर ज़मीन हमने,
अभी तो सारा आसमान बाक़ी है।

***

आँखों में सपने लिए युवाओं को दिशा देती किताब
कैलाश खेर

सकारात्मक ऊर्जा से भरपूर मोटिवेशनल किताब
पंकज त्रिपाठी

एग्ज़ाम की कठिन प्रक्रिया में मदद करती एक प्रेरक किताब
महेश भट्ट

युवाओं के लिए सफलता के सूत्र
नीलोत्पल मृणाल

नई ऊर्जा से भरपूर किताब
दिव्य प्रकाश दुबे

'सेल्फ़ हेल्प' से भी बढ़कर एक नए जोनर की किताब
सत्य व्यास

आपकी मदद करने वाली एक चर्चित मोटिवेशनल किताब
ललित कुमार (कविता कोश)

अनुभव की गहराइयों से निकले मोतियों भरे सीपी
शशांक भारतीय

लेखक के अनुभवों और सुझावों का पिटारा
Scroll

जीत की ओर ले जाते प्रेरक शब्द
अहा! ज़िन्दगी

युवाओं के लिए मोटिवेशन का कैप्सूल
YourStory